INTRODUCTION TO THE GLOSSARY

This glossary contains the main words used in the *Sett i gang* curriculum and is divided into Norwegian-English and English-Norwegian sections. In addition to the meanings of the words, the glossary includes idiomatic expressions and grammatical information about the gender of nouns, plural forms, verb forms, and adjective endings.

If there are words you would like to know that are not in the glossary, we recommend two free online dictionaries:
1) Lexin ordbok (Norwegian-English)
2) Bokmålsordboka (Norwegian-Norwegian)

If you are planning an in-depth study of Norwegian, we recommend that you purchase a full-size dictionary toward the end of your first year of study. We have links to the free online dictionaries and recommendations for printed dictionaries on the NorWords website (http://www.norwords.com).

KEY TO THE ABBREVIATIONS IN THE GLOSSARY

adj. (adjective)
adv. (adverb)
conj. (coordinating conjunction)
def. art. (definite article)
dem. pron. (demonstrative pronoun)
fem. (feminine gender)
masc. (masculine gender)
n. (noun)
neut. (neuter gender)
pers. pron. (personal pronoun)
pers. pron., sub. (personal pronoun, subject)
pers. pron., obj. (personal pronoun, object)
pers. pron., refl. (personal pronoun, reflexive)
pl. (plural)
poss. pron. (possessive pronoun)
prep. (preposition)
refl. poss. pron. (reflexive possessive pronoun)
sing. (singular)
sub. conj. (subordinating conjunction)
v. (verb)

TIPS FOR USING THE GLOSSARY

When you look up a word in the glossary or dictionary, it is important that you pay close attention to what part of speech the word is. It is easy to choose a verb when you really need a noun, or an adjective when you need an adverb.

love: *elske* (v., elsket, har elsket)
  I love you! *Jeg elsker deg!*

love: *kjærlighet* (n., ei/en)
  love at first sight: *kjærlighet ved første blikk*

And even if you have the right part of speech, there still might be several Norwegian words that correspond to different aspects of a single word in English.

lose: *miste* (v., mistet, har mistet)
  lose one's keys: *miste nøklene sine*

lose: *tape* (v., tapte, har tapt)
  lose the game/match: *tape kampen*

lose weight: *slanke* (v., slanket, har slanket)

If you are in doubt, it helps to double check by looking at the word in both the Norwegian-English and the English-Norwegian sections. It is also important to have a clear understanding of the grammatical forms listed in the glossary. Below is a brief overview of the main parts of speech in Norwegian and their glossary entries.

ADJECTIVES

fin (adj., fint, fine): *fine, good*

koselig (adj., koselig, koselige): *cozy; pleasant, nice*

Adjectives in Norwegian must be modified to match the gender and the number of the noun. Usually, the dictionary form of the adjective is used with masculine and feminine singular nouns. The two forms listed inside the parentheses in the glossary entry are for use with neuter and plural/definite nouns. The neuter form often has a -t ending and the plural/definite form an e-ending, but there are also many exceptions to the basic rule.

ADVERBS

aldri (adv.): *never*

absolutt (adv.): *absolutely*

There are many types of adverbs in Norwegian, but most of them don't have a form that changes. However, adverbs of manner in Norwegian are typically formed by adding a -t ending to the adjective, similar to how we add an -ly to the adjective in English. Adverbs of location (*hjemme*) and motion (*hjem*) also have slightly varying forms.

vanligvis (adv.): *usually*
Vanligvis sykler jeg til skolen.
Usually, I bicycle to school.

If adverbials start a sentence, they usually cause inversion of the subject and the verb.

CONJUNCTIONS

og (conj.): *and*

fordi (sub. conj.): *because*
Fordi jeg er syk, skal jeg bli hjemme.
Because I am sick, I am going to stay home.

There are two types of conjunctions in Norwegian: coordinating conjunctions that combine two independent clauses and subordinating conjunctions that connect an independent and dependent clause. Coordinating conjunctions don't cause any changes in word order, but a sentence starting with a subordinating conjunction and dependent clause has inversion of the subject and verb after the dependent clause.

DEMONSTRATIVE PRONOUNS

denne (dem. pron.): *this (with masc./fem. nouns)*
Jeg tar denne genseren. *I'll take this sweater.*

den (dem. pron.): *that (with masc./fem. nouns)*
Vi tar den bussen. *We are taking that bus.*

dette (dem. pron.): *this (with neut. nouns)*
Jeg tar dette skjerfet. *I'll take this scarf.*

det (dem. pron.): *that (with neuter nouns)*
Vi tar det toget. *We are taking that train.*

Demonstrative pronouns have to match with the gender and number of the noun, and the noun must be in the definite form. People or objects that are close to the speaker are pointed out with the longer forms of the demonstrative pronoun (*dette/denne/disse*), while those that are further are described with the shorter forms (*det/den/de*).

NOUNS

fest (n., en): *party*

bok (n., ei/en, pl. bøker, bøkene): *book*

dyr (n., et; pl. dyr, dyrene): *animal*

Nouns in Norwegian have three genders: masculine, feminine, and neuter. All feminine nouns can also be treated as masculine nouns, and consequently the usage varies greatly in Norway. Many people use all three genders, some choose mostly masculine and neuter with a few feminine forms, and a few stay exclusively with two genders.

Another unusual aspect of Norwegian nouns is that the definite singular and plural are formed by adding definite endings rather than using separate words as definite articles in front of the noun. In the glossary entry, you will see the gender of the noun listed as *en*, *ei/en*, or *et*. If the noun has irregular plural forms, both the indefinite and definite plural forms will be listed.

PERSONAL PRONOUNS

jeg (pers. pron., sub.): *I*
Jeg forstår norsk. *I understand Norwegian.*

meg (pers. pron., obj.): *me*
De skriver til meg. *They write to me.*

meg (pers. pron., refl.): *myself*
Jeg barberer meg. *I shave (myself).*

Personal pronouns replace nouns in sentences and occur in the subject, object, or reflexive forms. First and second person object and reflexive forms are the same, but the forms vary in third person.

POSSESSIVE PRONOUNS

min (poss. pron., mi, mitt, mine): *my*
    Har du pennen min? *Do you have my pen?*

din (poss. pron., di, ditt, dine): *your (sing.)*
    Hvor er bilen din? *Where is your car?*

hans (poss. pron.): *his*
    Jeg kjenner kona hans. *I know his wife.*

hennes (poss. pron.): *her*
    Jeg liker bilen hennes: *I like her car.*

Possessive pronouns typically follow the noun in Norwegian, and the noun is in the definite form. Some of the possessive pronouns have only one form (*hans, hennes, deres, deres*), but the others must match the gender and number of the noun (*min, din, vår*). The dictionary form is used with masculine nouns, and the other forms listed inside the parentheses are used with feminine, neuter, and plural nouns respectively.

REFLEXIVE POSSESSIVE PRONOUNS

sin (refl. poss. pron., si, sitt, sine): *her; his; their*

    Anne hjelper sønnen sin.
    Anne helps her son.

    Pål hjelper dattera si.
    Pål helps his daughter.

    Anne og Pål hjelper barna sine.
    Anne and Pål help their children.

In Norwegian, there are two different possessive pronouns for third-person pronouns (*hans* or *sin / hennes* or *sin / deres* or *sin*). *Sin* is a special type of possessive pronoun called the reflexive possessive pronoun, one with no equivalent in English. This pronoun can only be used when there is a third-person subject that owns or is related to an object or person in the latter half of the sentence. In English, we use the context rather than a special grammatical form to show that the third-person subject owns or is related to the noun. Like some of the other possessive pronouns, *sin* must match the gender and number of the noun.

VERBS

snakke (v., snakket, har snakket): *speak, talk*

lese (v., leste, har lest): *read*

bety (v., betydde, har betydd): *mean*

pleie (v., pleide, har pleid): *be accustomed to*

drikke (v., drakk, har drukket): *drink*

The dictionary form of the verb is called the infinitive, and present tense in Norwegian is almost always formed by adding an -r to the infinitive. This one form is used with first, second, and third person pronouns. Similarly, past tense and present perfect forms do not have to be conjugated to match the various pronouns. Norwegian has both regular verbs that receive predictable endings in past tense and present perfect as well as irregular verbs with forms that must be learned by heart. In the glossary entry, the past tense and present perfect form of the verbs are listed inside the parentheses. If the present tense is irregular, it will also be included there.

GRAMMATICAL FORMS IN THE GLOSSARY

Norwegian is a language of great variety, providing the speaker with many choices about noun gender, noun plural forms, verb tenses, and adjective endings. Unfortunately, all of these alternatives can make it difficult for beginning language learners as well as for the textbook authors. Some verbs in Norwegian have three sets of past tense and present perfect forms, and and with the lastest changes set forth by the Norwegian Language Council in 2005, many nouns have three choices for indefinite plural. Consequently, we have chosen to limit the forms listed in the glossary to some extent. For example, we have not included the -a endings of the Group 1 weak verbs, and we have reduced the number of noun plural forms. For students and teachers who want to see all the official forms, we recommend the online *Bokmålsordboka*, which is linked from **www.norwords.com**.

Norsk-engelsk ordliste

A

absolutt (adj., absolutt, absolutte): *absolute*

absolutt (adv.): *absolutely*

Absolutt ikke! *Absolutely not!*

adgang (n., en): *admittance, access*

Adgang forbudt! *No admittance!*

gratis adgang: *free admittance*

adjektiv (n., et): *adjective*

adjø: *goodbye*

administrasjon (n., en): *administration, business*

administrasjonsbygning (n., ei/en): *administration building*

administrativ assistent (n., en): *administrative assistant*

adoptere (v., adopterte, har adoptert): *adopt*

adresse (n., ei/en): *address*

adverb (n., et): *adverb*

advokat (n., en): *lawyer*

aerobic (n., en): *aerobics*

afrikaans (n., en): *Afrikaans (official language in South Africa)*

agurk (n., en): *cucumber*

ake (v., akte, har akt): *go sledding*

akevitt (n., en): *aquavit*

akkurat (adv.): *exactly*

akseptere (v., aksepterte, har akseptert): *accept*

aktiv (adj., aktivt, aktive): *active*

aktivitet (n., en): *activity*

akvarium (n., et; pl. akvarier, akvariene): *aquarium*

albansk (adj., albansk, albanske): *Albanian*

albansk (n., en): *Albanian (language)*

albue (n., en): *elbow*

alder (n., en; pl. aldrer, aldrene): *age*

aldri (adv.): *never*

alene (adv.): *alone*

aleneforelder (n., en): *single parent*

alfabet (n., et): *alphabet*

alkohol (n., en): *alcohol*

all (adj., alt, alle): *all*

alle (pron.): *everyone*

allerede (adv.): *already*

allergi (n., en): *allergy*

alltid (adv.): *always*

alternativ (adj., alternativt, alternative): *alternative*

alternativ (n., et): *alternative*

alvorlig (adj., alvorlig, alvorlige): *serious*

Amerika: *America*

amerikaner (n., en; pl. amerikanere, amerikanerne): *an American*

amerikansk (adj., amerikansk, amerikanske): *American*

amerikansk fotball (n., en): *American football*

amharisk (adj., amharisk, amhariske): *Amharic*

amharisk (n., en): *Amharic (official language in Ethiopia)*

ananas (n., en): *pineapple*

andrespråk (n., et; pl. -språk, -språkene): *second language*

angst (n., en): *anxiety, dread*

ankel (n., en; pl. ankler, anklene): *ankle*

anledning (n., ei/en): *occasion*

ved spesielle anledninger: *on special occasions*

annen (adj., anna, annet, andre): *other, second*

annenhver (adj., annethvert): *every other*

annonse (n., en): *advertisement*

anorakk (n., en): *anorak, parka*

anoreksi (n., en): *anorexia*

ansatt (n., pl. ansatte, de ansatte): *employee*

ansikt (n., et): *face*

ansvar (n., et): *responsibility*

ha mye ansvar: *have a lot of responsibility*

ta ansvar for: *take responsibility for*

antikvitet (n., en): *antique (object)*

antropologi (n., en): *anthropology*

apotek (n., et): *pharmacy*

appelsin (n., en): *orange*

appelsinjuice (n., en): *orange juice*

april: *April*

arabisk (adj., arabisk, arabiske): *Arabic, Arabian*

arabisk (n., en): *Arabic (language)*

arbeid (n., et): *work*

arbeide (v., arbeidet, har arbeidet): *work*

arbeidsbok (n., ei/en; pl. -bøker, -bøkene): *workbook*

arbeidsforhold (n., et; pl. -forhold, -forholdene): *work conditions*

arbeidsgiver (n., en; pl. -givere, -giverne): *employer*

arbeidsliv (n., et): *work life*

arbeidsoppgave (n., en): *task, chore*

arbeidsplass (n., en): *workplace*

arbeidsrom (n., et; pl. -rom, -rommene): *home office*

arbeidstid (n., ei/en): *work hours*

ark (n., et; pl. ark, arkene): *piece of paper*

arkitekt (n., en): *architect*

arkitektur (n., en): *architecture*

arm (n., en): *arm*

armensk (adj., armensk, armenske): *Armenian*

armensk (n., en): *Armenian (language)*

arr (n., et; pl. arr, arrene): *scar*

asparges (n., en): *asparagus*

astronomi (n., en): *astronomy*

at (sub. conj.): *that*

atten: *eighteen*

august: *August*

Australia: *Australia*

av (adv./prep.): *of*

avansert (adj., avansert, avanserte): *advanced*

avis (n., ei/en): *newspaper*

lese avisa: *read the paper*

lokale aviser: *local newspapers*

regionsaviser: *regional newspapers*

tabloidaviser: *tabloid newspapers*
avisbud (n., et; pl. -bud, -budene): *newspaper carrier*
avisstoff (n., et): *newspaper material*
avokado (n., en): *avocado*
avslappet: (adj., avslappet, avslappede/avslappete): *relaxed*
avstamning (n., ei/en): *heritage, descent*
    av norsk avstamning: *of Norwegian descent*
avstand (n., en): *distance*

B

baby (n., en): *baby*
bacon (n., et): *bacon*
bad (n., et; pl. bad, badene): *bathroom; bath*
    ta et bad: *take a bath*
bade (v., badet, har badet): *swim, bathe*
badebukse (n., ei/en): *swimming trunks*
badedrakt (n., ei/en): *bathing suit*
badekar (n., et; pl. -kar, -karene): *bathtub*
badeshorts (n., en): *swimming trunks*
badstue (n., ei/en): *sauna*
bagasje (n., en): *baggage, luggage*
bagasjerom (n., et; pl. -rom, -rommene): *trunk (of a car)*
bagasjetralle (n., ei/en): *baggage cart*
bagett (n., en): *baguette*
bak (adv./prep.): *behind*
bake (v., bakte, har bakt): *bake*
bakepulver (n., et): *baking powder*
baker (n., en; pl. bakere, bakerne): *baker*
bakeri (n., et): *bakery*
    gå på bakeriet: *go to the bakery*
bakt (adj., bakt, bakte): *baked*
    en bakt potet: *baked potato*
    bakte poteter: *baked potatoes*
balansere (v., balanserte, har balansert): *balance*
balkong (n., en): *balcony*
ballong (n., en): *balloon*
banan (n., en): *banana*
band (n., et; pl. band, bandene): *pop/rock band*
    spille i band: *play in a pop/rock band*
bane (n., en): *court, course, field; light rail train*
bank (n., en): *bank*
    gå i banken: *go to the bank*
bar (n., en): *bar*
    gå på bar: *go to a bar*
barbere seg (v., barberte, har barbert): *shave*
bare (adv.): *just, only*
barista (n., en): *barista (bartender in a coffee shop)*
barn (n., et; pl. barn, barna): *a child*
    stelle barn: *take care of children*
barnebarn (n., et; pl. -barn, -barna): *grandchild*
barnehage (n., en): *child care center, pre-school*
barneskole (n., en): *elementary school*

barnestell (n., et): *child care*
barnetog (n., et; pl. -tog, -togene): *children's parade on May 17*
barneværelse (n., et): *child's bedroom*
bart (n., en): *mustache*
baseball (n., en): *baseball*
basketball (n., en): *basketball*
be (v., ba/bad, har bedt): *ask, invite; pray*
    be noen på kaffe: *ask someone to coffee*
    be noen på middag: *ask someone to dinner*
    be om unnskyldning: *apologize*
    be til Gud: *pray to God*
bedre (adv./adj., comparative of "god"): *better*
bedrift (n., en): *company, firm*
bedring (n., ei/en): *improvement*
    God bedring! *Get well soon*
begravelse (n., en): *burial, funeral*
    gå i begravelse: *go to a funeral*
    borgerlig begravelse: *civil funeral*
    kirkelig begravelse: *church funeral*
begynne (v., begynte, har begynt): *begin*
    begynne på skolen: *start school*
behagelig (adj., behagelig, behagelige): *comfortable; pleasant*
bein (n., et; pl. bein, beina): *leg; foot; bone*
bekjent (n., en; pl. bekjente): *acquaintance*
belte (n., et): *belt*
bensin (n., en): *gasoline*
    fylle bensin: *fill gas*
bensinstasjon (n., en): *gas station*
bergverksdrift (n., ei/en): *mining*
beskjed (n., en): *message*
    legge igjen beskjed: *leave a message*
beskjeden (adj., beskjedent, beskjedne): *humble, modest*
beskrive (v., beskrev, har beskrevet): *describe*
beskytte (v., beskyttet, har beskyttet): *protect*
best (adj., superlative of "god"): *best*
    det beste jeg vet: *the best I know, my favorite*
bestefar (n., en; pl. -fedre, -fedrene): *grandfather*
besteforeldre (n., pl.): *grandparents*
bestemme (v., bestemte, har bestemt): *decide*
    Jeg kan ikke bestemme meg. *I can't decide.*
bestemor (n., ei/en; pl. -mødre, -mødrene): *grandmother*
bestemt (adj., bestemt, bestemte): *definite, decided*
    bestemt form: *definite form of the noun*
    ubestemt form: *indefinite form of the noun*
bestille (v., bestilte, har bestilt): *order*
bestå (v., besto/bestod, har bestått): *pass; consist of*
    bestå av: *consist of*
    bestå en eksamen: *pass an exam*
besvime (v., besvimte, har besvimt): *faint*
besøk (n., et; pl. besøk, besøkene): *visit*
    gå på besøk: *go on a visit*
besøke (v., besøkte, har besøkt): *visit*
betale (v., betalte, har betalt): *pay*
    betale regningene: *pay the bills*
    Jeg betaler! *I will pay (for the meal, movie, etc)!*
    Jobben er dårlig betalt. *The job is poorly paid.*
    Jobben er godt betalt. *The job is well paid.*

betennelse (n., en): *infection*

bety (v., betydde, har betydd): *mean*

    Hva betyr det? *What does that mean?*

bevege (v., beveget, har beveget / bevegde, har bevegd): *move around*

bibliotek (n., et): *library*

    gå på biblioteket: *go to the library*

bibliotekar (n., en): *librarian*

biff (n., en): *steak*

bihulebetennelse (n., en): *sinus infection*

bikini (n., en): *bikini*

bil (n., en): *car*

    kjøre bil: *drive a car*

    reise med bil: *travel by car*

bilde (n., et): *picture*

    ta bilder: *take pictures*

bilforsikring (n., ei/en): *car insurance*

billedhugger (n., en; pl. -huggere, -huggerne): *sculptor*

billett (n., en): *ticket*

billettbestilling (n., ei/en): *ticket ordering*

billig (adj., billig, billige): *cheap*

bilmekaniker (n., en; pl. -mekanikere, mekanikerne): *auto mechanic*

bilskilt (n., et; pl. -skilt, -skiltene): *license plate*

biltur (n., en): *car trip*

    dra på biltur: *go on a car trip*

biografi (n., en): *a biography*

biologi (n., en): *biology*

bjørkeløv (n., et): *birch leaves*

blad (n., et; pl. blad/blader, bladene): *a magazine*

bli (v., ble, har blitt): *become; stay; will be*

    bli hjemme: *stay home*

    bli med: *come along*

    Det blir 10 kroner. *That will be 10 crowns.*

blindtarmbetennelse (n., en): *appendicitus*

blomkål (n., en): *cauliflower*

blomkålsuppe (n., ei/en): *cauliflower soup*

blomst (n., en): *flower*

    plukke blomster: *pick flowers*

blomsterbed (n., et; pl. -bed, -bedene): *flower bed*

blomsterbutikk (n., en): *flower shop*

blomsterkasse (n., ei/en): *flower box*

blomsterpotte (n., ei/en): *flower pot*

blond (adj., blondt, blonde): *blonde*

bluse (n., ei/en): *blouse*

blyant (n., en): *pencil*

bløtkake (n., ei/en): *cake with whipped cream and fruit filling*

blå (adj., blått, blå/blåe): *blue*

blåbær (n., et; pl. -bær, -bærene): *blueberry*

blåse (v., blåste, har blåst): *blow*

    Det blåser. *It is windy.*

blåskjell (n., et; pl. -skjell, -skjellene): *mussel*

bo (v., bodde, har bodd): *live*

    bo sammen med: *live together with*

boardingkort (n., et; pl. -kort, -kortene): *boarding pass*

bobil (n., en): *motorhome, RV*

bok (n., ei/en, pl. bøker, bøkene): *book*

bokhandel (n., en; pl. -handler, -handlene): *bookstore*

gå i bokhandelen: *go to the bookstore*

bokhylle (n., ei/en): *bookshelf*

bolig (n., en): *dwelling, home*

bomull (n., ei/en): *cotton*

bonde (n., en; pl. bønder, bøndene): *farmer*

bord (n., et; pl. bord, bordene): *table*

    dekke bordet: *set the table*

    rydde av bordet: *clear the table*

borgerlig (adj., borgerlig, borgerlige): *civil*

    borgerlig begravelse: *civil funeral*

    borgerlig konfirmasjon: *civil confirmation*

    borgerlig navnefest: *civil naming ceremony*

    borgerlig vigsel: *civil wedding*

borte (adv.): *away*

borteseier (n., en; pl. seirer, seirene): *away victory*

Bosnia Hercegovina: *Bosnia Hercegovina*

bosnisk (adj., bosnisk, bosniske): *Bosnian*

bosnisk (n., en): *Bosnian (language)*

bosted (n., et; pl. -steder, -stedene): *place of residence*

boxershorts (n., en): *boxer shorts*

bra (adv/adj., bra, bra): *well; good*

    Bare bra, takk. *Just fine, thanks.*

    Ha det bra. *Goodbye.*

brannkonstabel (n., en; pl. -konstabler, -konstablene): *firefighter*

Brasil: *Brazil*

bre (n., en): *glacier*

    gå på breen: *hike on the glacier*

brekke (v., brakk, har brukket): *break*

    brekke beinet: *break one's leg*

    brekke armen: *break one's arm*

brennevin (n., et): *hard liquor*

brettseile (v., brettseilte, har brettseilt): *windsurf*

brettspill (n., et; pl. -spill, -spillene): *board game*

    spille brettspill: *play board games*

brev (n., et; pl. brev, brevene): *letter*

    få brev: *receive letters*

    skrive brev: *write letters*

brevandring (n., ei/en): *glacier hiking*

brevveksle (v., -vekslet, har -vekslet): *exchange letters*

brevvenn (n., en): *pen pal*

briller (n., pl.): *glasses*

    bruke briller: *wear glasses*

bringebær (n., et; pl. -bær, -bærene): *raspberry*

brokkoli (n., en): *broccoli*

bronse (n., en): *bronze*

bror (n., en; pl. brødre, brødrene): *brother*

brosjyre (n., en): *brochure*

brud (n., ei/en): *bride*

brudepar (n., et; -par, -parene): *bridal couple*

brudepike (n., ei/en): *flower girl*

brudesvenn (n., en): *ring bearer*

brudgom (n., en; pl. -gommer, -gommene): *bridegroom*

bruke (v., brukte, har brukt): *use*

    bruke penger: *spend money*

    bruke briller: *wear glasses*

brun (adj., brunt, brune): *brown*

brunost/geitost (n., en): *brown cheese, goat cheese*

brus (n., en; pl. brus, brusene): *soda, pop*
bryllup (n., et): *wedding*
    gå i bryllup: *go to a wedding*
bryllupsreise (n., ei/en): *honeymoon*
bryst (n., et; pl. bryst, brystene): *breast, chest*
brystholder/BH (n., en): *brassiere, bra*
bryting (n., ei/en): *wrestling*
brød (n., et; pl. brød, brødene): *bread*
    ristet brød: *toast*
brødmat (n., en): *bread food*
brødskive (n., ei/en): *slice of bread*
bråk (n., et): *noise, commotion, trouble*
    lage bråk: *make noise, trouble*
bukke (v., bukket, har bukket): *bow*
bukse (n., ei/en): *pair of pants*
bulimi (n., en): *bulimia*
bunad (n., en): *national costume*
burde (v., bør, burde, har burdet) : *ought to*
    Jeg bør arbeide mindre. *I ought to work less.*
    Jeg burde trene mer. *I ought to train more.*
burrito (n., en): *burrito*
bursdag (n., en): *birthday*
bursdagskort (n., et; pl. -kort, -kortene): *birthday card*
bursdagssang (n., en): *birthday song*
busk (n., en): *bush*
buss (n., en): *bus*
    reise med buss: *travel by bus*
    ta bussen: *take the bus*
bussjåfør (n., en): *bus driver*
busstasjon (n., en): *a bus station*
butikk (n., en): *store*
    gå i butikken: *go to the store*
    gå i butikker: *go shopping*
butikksjef (n., en): *store manager*
by (n., en): *city*
    gå på byen: *go out on the town*
bygd (n., ei/en): *country settlement, township*
bygge (v., bygget, har bygget): *build*
byggeskikk (n., en): *building traditions*
bygning (n., ei/en): *building*
bygård (n., en): *apartment building*
bær (n., et ; pl. bær, bærene): *berry*
bønne (n., ei/en): *bean*
bør (v., see "burde"): *ought to*
børste (v., børstet, har børstet): *brush*
    børste håret: *brush hair*
både (conj.): *both*
    både...og: *both...and*
bål (n., et; pl. bål, bålene): *fire*
båt (n., en): *boat*
båttur (n., en): *boat trip*
    dra på båttur: *go on a boat trip*

C

café au lait (n., en): *café au lait*
café latte (n., en): *café latte*
café mocca (n., en): *café mocha*
campinghytte (n., ei/en): *camping cabin*
    bo på campinghytte: *stay in a camping cabin*
campingplass (n., en): *campground*
campingtur (n., en): *camping trip*
    dra på campingtur: *go camping*
campingvogn (n., ei/en): *camping trailer*
Canada: *Canada*
canadier/kanadier (n., en; pl. canadiere, canadierne): *Canadian*
canadisk/kanadisk (adj., canadisk, canadiske): *Canadian*
cappuccino (n., en): *cappuccino*
capribukse (n., ei/en): *pair of capri pants*
caps (n., en): *(baseball) cap*
CD (n., en; pl. CD-er, CD-ene): *CD*
CD-ROM (n., en; pl. CD-ROM-er, CD-ROM-ene): *CD-ROM*
CD-spiller (n., en; pl. -spillere, -spillerne): *CD player*
cheddarost (n., en): *cheddar cheese*
Chile: *Chile*
chiligryte (n., ei/en): *chili*
cirka (ca.) (adv.): *approximately*
cola (n., en): *cola*
college (n., et): *college*
collegegenser (n., en; pl. -gensere, -genserne): *sweatshirt*

D

da (adv.): *then, in that case*
    Jeg var i Norge i 1995. Da lærte jeg norsk.
    I was in Norway in 1995. Then I learned Norwegian.
da (sub. conj.): *when (used about one past occurrence)*
    Da vi var på ferie, reiste vi til Seattle.
    When we were on vacation, we went to Seattle.
dag (n., en): *day*
    i dag: *today*
    om dagen: *during the day*
    hele dagen: *the whole day*
daglig (adj., daglig, daglige): *daily*
daglig leder (n., en): *manager*
dal (n., en): *valley*
dame (n., ei/en): *lady, woman*
Danmark: *Denmark*
dans (n., en): *dance*
    gå på dans: *go to a dance*
danse (v., danset, har danset): *dance*
danser (n., en; pl. -dansere, danserne): *dancer*

dansk (adj., dansk, danske): *Danish*

dansk (n., en): *Danish (language)*

datamaskin (n., en): *a computer*

datarom (n., et; pl. -rom, -rommene): *computer lab*

datasenter (n., et; pl. -sentre, -sentrene): *computer center*

dataspill (n., et; pl. -spill, -spillene): *computer game*
> **spille dataspill:** *play computer games*

datter (n., ei/en; pl. døtre, døtrene): *daughter*

de (pers. pron., subj.): *they*
> **De er fra Norge.** *They are from Norway.*

de (def. art.): *the (with pl. nouns)*
> **Jeg har de nye bildene.** *I have the new pictures.*

de (dem. pron.): *those (with pl. nouns)*
> **Jeg liker de skoene.** *I like those shoes.*

deg (pers. pron., obj.): *you (sing.)*
> **Jeg liker deg.** *I like you.*

deg (pers. pron., refl): *yourself*
> **Du må skynde deg.** *You must hurry (yourself).*

deilig (adj., deilig, deilige): *delicious; wonderful*

dekke (v., dekket, har dekket): *set; cover*
> **dekke bordet:** *set the table*

dele (v., delte, har delt): *share, divide, split*
> **dele en pizza:** *share a pizza*
> **dele rom med:** *share a room with*

delta (v., deltok, har deltatt): *participate*

deltaker (n., en; pl. deltakere, deltakerne): *participant*

deltid (n., ei/en): *part-time*

jobbe deltid: *work part-time*

dem (pers. pron., obj.): *them*
> **Jeg skal prate med dem.** *I will talk to them.*

den (def. art.): *the (with adj. and masc./fem. nouns)*
> **Jeg liker den nye boka.** *I like the new book.*

den (dem. pron.): *that (with masc./fem. nouns)*
> **Vi tar den bussen.** *We are taking that bus.*

den (pers. pron.): *it (replaces masc./fem. nouns)*
> **Jeg kjøpte en ny dress. Jeg liker den.**
> *I bought a new suit. I like it.*

denne (dem. pron.): *this (with masc./fem. nouns)*
> **Jeg tar denne genseren.** *I'll take this sweater.*

Den norske kirke (n., en): *the Norwegian State Church*

depresjon (n., en): *depression*

deprimert (adj., deprimert, deprimerte): *depressed*

der (adv.): *there*

dere (pers. pron., sub./obj.): *you all, you plural*
> **Er dere fra USA?** *Are you from the USA.*

deres (poss. pron.): *your (plural)*
> **Hvor er bilen deres?** *Where is your car?*

deres (poss. pron.): *their*
> **Hunden deres heter Rapp.** *Their dog is named Rapp.*

deretter (adv.): *after that, then*

derfor (adv.): *therefore*

derimot (adv.): *on the other hand*

desember: *December*

dessert (n., en): *dessert*

dessuten (adv.): *besides; in addition*

dessverre (adv.): *unfortunately*

det (def. art.): *the (with adj. and neuter nouns)*

> **Jeg liker det nye huset.** *I like the new house.*

det (dem. pron.): *that (with neuter nouns)*
> **Vi tar det toget.** *We are taking that train.*

det (pers. pron., sub./obj.): *it (replaces neuter nouns)*
> **Jeg kjøpte et nytt slips. Jeg liker det.**
> *I bought a new tie. I like it.*

dette (dem. pron.): *this (with neuter nouns)*
> **Jeg tar dette skjerfet.** *I'll take this scarf.*

dette (v., datt, har dettet): *fall*

diabetes (n., en): *diabetes*

dialekt (n., en): *dialect*
> **snakke dialekt:** *speak dialect*

diaré (n., en): *diarrhea*

diftong (n., en): *diphthong*

dikter (n., en; pl. diktere, dikterne): *poet, writer*

din (poss. pron., di, ditt, dine): *your (sing.)*
> **Hvor er bilen din?** *Where is your car?*

direktør (n., en): *manager*

diskotek (n., et): *discotheque; bar with dancing*
> **gå på diskotek:** *go the disco*

disse (dem. pron.): *these (with pl. nouns)*
> **Jeg tar disse skoene.** *I'll take these shoes.*

distrikt (n., et): *region, district of Norway*

distriktspolitikk (n., et): *regional policy*

do (n., en/et): *toilet*
> **gå på do:** *go to the bathroom*

dobbeltrom (n., et; pl. -rom, -rommene): *a double room*

domkirke (n., ei/en): *cathedral*

dongeriskjørt (n., et; pl. -skjørt, -skjørtene): *a jean skirt*

dra (v., dro/drog, har dratt): *go, leave*
> **dra på biltur:** *go on a car trip*
> **dra på båttur:** *go on a boat trip*
> **dra på campingtur:** *go camping*
> **dra på ferie:** *go on vacation*
> **dra på fisketur:** *go on a fishing trip*
> **dra hjem:** *go home*
> **dra på hyttetur:** *go on a cabin trip*
> **dra på jobben:** *go to work*
> **dra på kanotur:** *go on a canoe trip*
> **dra på kajakktur:** *go on a kayak trip*
> **dra på seiltur:** *go sailing*
> **dra på sykkeltur:** *go on a bike ride*
> **dra til universitetet:** *go to the university*
> **dra til utlandet:** *go abroad*

drabantby (n., en): *satellite city, suburb*

drepe (v., drepte, har drept): *kill*

dress (n., en): *suit*

drible (v., driblet, har driblet): *dribble (in soccer or basketball)*

drikke (v., drakk, har drukket): *drink*
> **drikke kaffe:** *drink coffee*

drikkevare (n., ei/en): *drink*

drikking (n., ei/en): *drinking*

drive (v., drev, har drevet): *do, participate in*
> **drive en forretning:** *manage a store*
> **drive med friluftsliv:** *participate in outdoor life*
> **drive med friidrett:** *participate in track*
> **drive med idrett:** *participate in sports*

dronning (n., ei/en): *queen*
    dronning Sonja: *Queen Sonja*
drosje (n., ei/en): *taxi*
drosjesjåfør (n., en): *taxi driver*
drue (n., ei/en): *grape*
drømme (v., drømte, har drømt): *dream*
du (pers. pron., sub.): *you (sing.)*
    Du er snill: *You are kind.*
dum (adj., dumt, dumme): *dumb*
dusj (n., en): *shower*
    ta en dusj: *take a shower*
DVD (n., en): *DVD*
DVD-spiller (n., en; pl. -spillere, -spillerne): *DVD player*
dykke (v., dykket, har dykket): *scuba dive*
dyne (n., ei/en): *down comforter*
dyr (n., et; pl. dyr, dyrene): *animal*
dyr (adj., dyrt, dyre): *expensive*
dyrepark (n., en): *zoo*
dyrepleier (n., en; pl. -pleier, -pleierne): *vet technician*
dyrke (v., dyrket, har dyrket): *cultivate, raise*
    dyrke mais: *grow corn*
    dyrke en hobby: *pursue a hobby*
dø (v., døde, har dødd): *die*
døgn (n., et; pl. døgn, døgnene): *24 hour period*
    døgnet rundt: *all day and night, around the clock*
døpe (v., døpte, har døpt): *baptize*
    bli døpt: *be baptized*
dør (n., ei/en): *door*
dåp (n., en): *baptism*
dårlig (adj., dårlig, dårlige): *bad, poor*

E

egen (adj., eget, egne): *own*
    ha egen bil: *have one's own car*
    ha eget hus: *have one's own house*
    ha egne penger: *have one's own money*
egentlig (adj., egentlig, egentlige): *actual, real*
egentlig (adv.): *actually, really*
egg (n., et; pl. egg, eggene): *egg*
eggerøre (n., ei/en): *scrambled eggs*
Egypt: *Egypt*
eie (v., eide, har eid): *own*
eiendomsmegler (n., en; pl. -meglere, -meglerne): *real estate agent*
eiendomspronomen (n., et): *possessive pronouns*
eier (n., en; pl. eiere, eierne): *owner*
eksempel (n., et; pl. eksempler, eksemplene): *example*
    for eksempel: *for example (f.eks.)*
eksotisk (adj., eksotisk, eksotiske): *exotic*
ekspedere (v., ekspederte, har ekspedert): *wait on (in a store)*
ekspeditør (n., en): *store clerk, shop assistant*
ekspert (n., en): *expert*
eksport (n., en): *export*

eksportere (v., eksporterte, har eksportert): *export*
eksportør (n., en): *exporter*
ektefelle (n., en): *spouse*
ektepar (n., et; pl. -par, -parene): *married couple*
ekteskap (n., et; pl. -skap, -skapene): *marriage*
eldre (adj., comparative of "gammel"): *older*
eldst (adj., superlative of "gammel"): *oldest*
elendig (adj., elendig, elendige): *terrible*
elektriker (n., en; pl. elektrikere, elektrikerne): *electrician*
elektrisitet (n., en): *electricity*
elektronisk (adj., elektronisk, elektroniske): *electronic*
elev (n., en): *elementary or secondary school student*
eller (conj.): *or*
ellers (adv.): *otherwise*
elleve: *eleven*
elske (v., elsket, har elsket): *love*
    Jeg elsker deg. *I love you.*
elv (n., ei/en): *a river*
elvepadling (n., ei/en): *whitewater kayaking in a river*
en (indef. art.): *a/an; one (with adj. and masc. nouns)*
en (pron.): *one*
ende (v., endte, har endt): *end*
    ende godt: *end well*
endelig (adv./adj., endelig, endelige): *final; finally*
endeløs (adj., endeløst, endeløse): *endless*
enebolig (n., en): *single family home*
energisk (energisk, energiske): *energetic*
engasjerende (adj., engasjerende, engasjerende): *engaging*
engelsk (adj., engelsk, engelske): *English*
engelsk (n., en): *English (language)*
England: *England*
enig (adj., enig, enige): *in agreement*
    være enig med noen: *agree with someone*
    være enig i noe: *agree about something*
enkel (adj., enkelt, enkle): *simple*
enkeltrom (n., et; pl. -rom, -rommene): *single room*
enn: *than*
    Tom er eldre enn Pål. *Tom is older than Pål.*
ennå (adv.): *yet, still*
enslig (adj., enslig, enslige): *single*
entré (n., en): *entryway*
eple (n., et): *apple*
e-post (n., en): *e-mail*
er: *am, is, are (see "være")*
ert (n., ei/en): *pea*
espresso (n., en): *espresso*
etasje (n., en): *story, floor*
    i første etasje: *on the first floor*
Etiopia: *Ethiopia*
etter (prep.): *after*
etter at (sub. conj.): *after*
    Etter at jeg har spist, skal jeg dra hjem.
    After I have eaten, I am going to go home.
ettermiddag (n., en): *afternoon*
    i ettermiddag: *this afternoon*
    om ettermiddagen: *during the afternoon*
etternavn (n., et; pl. -navn, -navnene): *last name*

etterpå (adv.): *afterwards*
Europa: *Europe*
evne (n., ei/en): *ability*

F

fabrikk (n., en): *factory*
    jobbe på fabrikk: *work in a factory*
fabrikkarbeider (n., en; pl. -arbeidere, arbeiderne): *factory worker*
fadder (n., en; pl. faddere, fadderne): *baptismal sponsor, godparent*
fag (n., et; pl. fag, fagene): *school subject*
faktisk (adv.): *as a matter of fact*
falle (v., falt, har falt): *fall*
    falle for: *fall for*
familie (n., en): *family*
fang (n., et; pl. fang, fangene): *lap*
    sitte på fanget: *sit on someone's lap*
fantastisk (adj., fantastisk, fantastiske): *fantastic*
far (n., en; pl. fedre, fedrene): *father*
farfar (n., en): *paternal grandfather*
farge (n., en): *color*
farlig (adj., farlig, farlige): *dangerous*
farmor (n., ei/en): *paternal grandmother*
fascinerende (adj., fascinerende, fascinerende): *fascinating*
fasong (n., en): *cut, style (of clothes)*
fast (adj., fast, faste): *permanent, steady, fixed*
    en fast jobb: *a steady job*
    et fast uttrykk: *a fixed expression*
favoritt (adj., favoritt, favoritte): *favorite*
    favorittfilm: *favorite film*
    favorittbok: *favorite book*
feber (n., en; pl. febrer, febrene): *fever*
    ha feber: *run a fever*
februar: *February*
feil (n., en; pl. feil, feilene): *mistake*
    gjøre en feil: *make a mistake*
feile (v., feilet, har feilet / feilte, har feilt): *be wrong with*
feire (v., feiret, har feiret): *celebrate*
    feire jul: *celebrate Christmas*
feiring (n., ei/en): *celebration*
felles (adj., felles, felles): *common, joint, collective*
    felles venner: *common friends*
fellesferie (n., en): *summer vacation period in July*
fem: *five*
femhundrelapp (n., en): *500-crown bill*
femmer (n., en; pl. femmere, femmerne): *5-crown coin*
femten: *fifteen*
femti: *fifty*
femtilapp (n., en): *50-crown bill*
femtiøring (n., en): *50-øre coin*
ferdig (adj., ferdig, ferdige): *finished*
ferie (n., en): *vacation*

    bilferie: *car vacation*
    charterferie: *charter vacation*
    drømmeferie: *dream vacation*
    fellesferie: *July vacation period in Norway*
    høstferie: *fall vacation*
    hytteferie: *vacation at the cabin*
    juleferie: *Christmas vacation*
    motorsykkelferie: *motorcycle vacation*
    påskeferie: *Easter vacation*
    sommerferie: *summer vacation*
    utenlandsferie: *vacation abroad*
    vinterferie: *winter vacation*
ferieland (n., et; pl. -land, -landene): *vacation country*
ferieområde (n., et): *vacation area*
ferje/ferge (n., ei/en): *ferry boat*
fersken (n., en): *peach*
fest (n., en): *party*
    gå på fest: *go to a party*
festning (n., ei/en): *fortress*
fet (adj., fett, fette): *fatty, greasy; fat*
fetter (n., en; pl. fettere, fetterne): *male cousin*
film (n., en): *movie, film*
filosofi (n., en): *philosophy*
fin (adj., fint, fine): *fine, good*
finger (n., en; pl. fingrer, fingrene): *finger*
Finland: *Finland*
finne (v., fant, har funnet): *find*
finnes (v., fantes, har funnes): *exist*
finsk (adj., finsk, finske): *Finnish*
finsk (n., en): *Finnish (language)*
fippskjegg (n., et; pl. -skjegg, -skjeggene): *goatee*
fire: *four*
firma (n., et): *company, business*
fisk (n., en): *fish*
fiske (v., fisket, har fisket): *fish*
fiskegrateng (n., en): *fish soufflé*
fiskekake (n., ei/en): *fish cake*
fiskepudding (n., en): *fish pudding*
fisker (n., en; pl. fiskere, fiskerne): *fisherman*
fiskesuppe (n., ei/en): *fish soup*
fisketur (n., en): *fishing trip*
    dra på fisketur: *go fishing*
fjell (n., et; pl. fjell, fjellene): *mountain*
    gå i fjellet: *hike in the mountains*
    reise på fjellet: *go to the mountains*
fjellhytte (n., ei/en): *mountain cabin*
fjellstue (n., ei/en): *mountain hotel*
fjernsyn (n., et; pl. fjernsyn, fjernsynene): *television*
fjord (n., en): *fjord*
    dra utpå fjorden: *go out on the fjord*
fjorten: *fourteen*
flagg (n., et; pl. flagg, flaggene): *flag*
flat (adj., flatt, flate): *flat*
fleksibel (adj., fleksibelt, fleksible): *flexible*
flest (adj., superlative of "mange"): *most (in number)*
    de fleste: *most people*

flexikort (n., et; pl. -kort, -kortene): *transportation pass good for eight trips in Oslo*

flink (adj., flinkt, flinke): *good at, competent*

    være flink til å: *be good at*

flott (adj., flott, flotte): *great, terrific*

flue (n., ei/en): *fly*

fly (v., fløy, har fløyet): *fly*

fly (n., et; pl. fly, flyene): *airplane*

    reise med fly: *travel by airplane*

flygeleder (n., en; pl. -ledere, -lederne): *air traffic controller*

flyger (n., en; pl. flygere, flygerne): *pilot*

flyplass (n., en): *airport*

flytte (v., flyttet, har flyttet): *move*

flørting (n., ei/en): *flirting*

fløyte (n., ei/en): *flute*

fnyse (v., fnyste, har fnyst): *snort*

folk (n., et; pl. folk, folkene): *people*

folkemuseum (n., et; pl. -museer, -museene): *folk museum*

for (adv./conj./prep.): *for; too*

    for å: *in order to*

    for liten: *too small*

    for stor: *too big*

forandre (v., forandret, har forandret): *change*

    forandre seg: *change oneself*

forandring (n., ei/en): *change*

forbedre (v., forbedret, har forbedret): *improve*

forberede (v., forberedte, har forberedt): *prepare*

    forberede seg: *prepare oneself*

forbruk (n., et): *consumption*

forbruksvare (n., ei/en): *consumer product*

fordel (n., en): *advantage*

fordele (v., fordelte, har fordelt): *divide*

fordi (sub. conj.): *because*

fordra (v., fordro/fordrog, har fordratt): *bear, stand*

    Jeg kan ikke fordra ... *I can't stand....*

fordypning (n., ei/en): *concentration, emphasis*

forelder (n., en; pl. foreldre, foreldrene): *parent*

forelesning (n., ei/en): *lecture*

    gå på forelesning: *attend a lecture*

forelesningssal (n., en): *lecture hall*

foreslå (v., foreslo, har foreslått): *suggest*

forestilling (n., ei/en): *performance, showing*

foretrekke (v., foretrakk, har foretrukket): *prefer*

forfatter (n., en; pl. forfattere, forfatterne): *author*

forferdelig (adj., forferdelig, forferdelige): *terrible*

forhold (n., et; pl. forhold, forholdene): *relationship*

forkjølelse (n., en): *cold*

forklare (v., forklarte, har forklart): *explain*

forlover (n., en; pl. forlovere, forloverne): *best man, maid of honor, witness to a wedding*

form (n., en): *shape, form*

    være i dårlig form: *be in bad shape*

    være i god form: *be in good shape*

formiddag (n., en): *forenoon*

    i formiddag: *this forenoon*

    om formiddagen: *during the forenoon*

fornuftig (adj., fornuftig, fornuftige): *sensible, reasonable*

fornøyd (adj., fornøyd, fornøyde): *satisfied*

fornøyelsespark (n., en): *amusement park*

forretning (n., ei/en): *store, business*

forrige (adj., forrige, forrige): *previous, last, former*

forsikring (n., ei/en): *insurance*

    bilforsikring: *car insurance*

    helseforsikring: *health insurance*

    livsforsikring: *life insurance*

forsiktig (adj., forsiktig, forsiktige): *careful*

    Vær forsiktig! *Be careful!*

forsker (n., en; pl. forskere, forskerne): *researcher*

forskjell (n., en): *difference*

forskjellig (adj., forskjellig, forskjellige): *different*

forskning (n., ei/en): *research*

forslag (n., et; pl. forslag, forslagene): *suggestion*

forsove seg (v., forsov, har forsovet): *oversleep*

forstad (n., en; pl. forsteder, forstedene): *suburb*

forstue (v., forstuet, har forstuet): *sprain*

    forstue ankelen: *sprain one's ankle*

forstå (v., forsto/forstod, har forstått) : *understand*

    forstå norsk: *understand Norwegian*

forståelse (n., en): *understanding, comprehension*

forsyne seg (v., forsynte, har forsynt): *serve oneself (food)*

forsynt (adj., forsynt, forsynte): *full (of food), satisfied*

    Jeg er forsynt. *I am full.*

fort (adv./adj., fort, forte): *fast*

fortelle (v., fortalte, har fortalt): *tell*

fortsette (v., fortsatte, har fortsatt): *continue*

forurensning (n., ei/en): *pollution*

forventning (n., ei/en): *expectation*

foss (n., en): *waterfall*

fot (n., en; pl. føtter, føttene): *foot*

fotball (n., en): *soccer ball; soccer*

fotballbane (n., en): *soccer field*

fotoapparat (n., et): *camera*

fotograf (n., en): *photographer*

fotografere (v., fotograferte, har fotografert): *take pictures, do photography*

fotografering (n., ei/en): *photography*

fottur (n., en): *hike*

    gå på fottur: *go on a hike*

fra (prep.): *from*

frakk (n., en): *man's overcoat*

fram (adv.): *forward; ahead*

    rett fram: *straight ahead*

framtid (n., ei/en): *future*

    i framtida: *in the future*

Frankrike: *France*

fransk (adj., fransk, franske): *French*

fransk (n., en): *French (language)*

fredag: *Friday*

fregne (n., ei/en): *freckle*

fremdeles (adv.): *still*

fremmedspråk (n., et; pl. -språk, -språkene): *foreign language*

frihet (n., ei/en): *freedom*

friidrett (n., en): *track and field*

    drive med friidrett: *participate in track*

friluftsliv (n., et): *outdoor life*

    drive med friluftsliv: *participate in outdoor life*

frimerkesamling (n., ei/en): *stamp collection*

frisk (friskt, friske): *healthy; fresh*

frisør (n., en): *hairdresser*

fritid (n., ei/en): *free time, leisure time*

    i fritida: *during leisure time*

fritidsaktivitet (n., en): *leisure activity*

fritidspark (n., en): *amusement park*

frokost (n., en): *breakfast*

frokostblanding (n., ei/en): *cereal, granola*

frukt (n., ei/en): *fruit*

frynsegode (n., et): *fringe benefit*

fryser (n., en; pl. frysere, fryserne): *freezer*

fugl (n., en): *bird*

fuktig (adj., fuktig, fuktige): *humid*

furu (n., ei/en): *pine (tree)*

fyldig (adj., fyldig, fyldige): *plump, heavy*

fylke (n., et): *county (in Norway)*

fylle (v., fylte, har fylt): *fill*

    fylle bensin: *fill gasoline*

    fylle år: *have a birthday*

fysikk (n., en): *physics*

fysioterapeut (n., en): *physical therapist*

fæl (adj., fælt, fæle): *horrible; frightening*

fødselsdag (n., en): *birthday*

fødselspermisjon (n., en): *maternity leave*

født: *born*

    født og oppvokst i: *born and raised*

    Jeg er født i 1985. *I was born in 1985.*

føle (v., følte, har følt): *feel*

    føle seg: *feel*

    Hvordan føler du deg? *How do you feel?*

følge (v., fulgte, har fulgt): *follow; accompany*

    følge med i: *follow along with*

føne (v., fønte, har fønt): *dry and style (hair)*

    føne håret: *dry and style hair*

før (adv./prep./sub.conj.): *before*

først (adv.): *first*

    Jeg skal hjem først. *I'm going home first.*

første : *first*

    første klasse: *first grade*

    første plass: *first place*

førti: *forty*

få (adj.): *few*

få (v., fikk, har fått): *receive, get; may; will*

    få et brev: *get a letter*

    få tak i: *get hold of*

    Kan jeg få låne telefonen? *May I use the phone?*

    Kan jeg få snakke med Per? *May I talk to Per?*

    Vi får se. *We'll see.*

fårekjøtt (n., et): *mutton*

fårikål (n., en): *lamb and cabbage dish*

G

gal (adj., galt, gale): *crazy; wrong*

    bli gal: *become crazy*

    Det var galt. *That/It was wrong.*

galleri (n., et; pl. gallerier, galleriene): *gallery*

gamalost/gammelost (n., en): *aged cheese*

Gambia: *Gambia*

gammel (adj., gammelt, gamle): *old*

    Hvor gammel er du? *How old are you?*

gammeldags (adj., gammeldags, gammeldagse): *old-fashioned*

gang (n., en): *time, occasion; hallway*

    en gang til: *one more time*

    to ganger i uka: *two times a week*

    noen ganger: *sometimes*

ganske (adv.): *quite*

garasje (n., en): *garage*

gardin (n., ei/en/et): *curtain*

    trekke for gardinene: *close the curtains*

    trekke fra gardinene: *open the curtains*

gassutvinning (n., ei/en): *natural gas extraction*

gate (n., ei/en): *street*

gatekjøkken (n., et): *fast food restaurant*

gave (n., en): *present, gift*

geit (n., ei/en): *goat*

gelé (n., en): *jello*

    gelé med vaniljesaus: *jello with vanilla sauce*

generasjon (n., en): *generation*

genser (n., en; pl. gensere, genserne): *sweater*

Ghana: *Ghana*

gi (v., ga/gav, har gitt): *give*

    gi seg: *give up*

gift (adj., gift, gifte): *married*

gifte seg (v., giftet, har giftet): *get married*

    gifte seg med: *get married to*

gitar (n., en): *guitar*

gjeld (n., ei/en): *debt*

gjelde (v., gjaldt, har gjeldt): *pertain to, concern*

    Hva gjelder det? *What is it about?*

gjennom (prep.): *through*

gjennomsnitt (n., et): *average*

gjensidig (adj., gjensidig, gjensidige): *mutual*

gjenstand (n., en): *object, thing*

gjerne (adv.): *gladly*

gjest (n., en): *guest*

gjøre (v., gjør, gjorde, har gjort): *do*

    gjøre oppgaver: *do homework/exercises*

    gjøre rent: *clean up (the house)*

glad (adj., glad, glade): *happy*

    være glad i: *be fond of*

glass (n., et; pl. glass, glassene): *glass*

    et glass melk: *a glass of milk*

glatt (adj., glatt, glatte): *slippery*

glede (v., gledet, har gledet): *delight, please*
    glede seg til: *look forward to*
glemme (v., glemte, har glemt): *forget*
god (adj., godt, gode): *good*
    God bedring! *Get well soon!*
    God dag! *Hello!*
    God ferie! *Have a good vacation!*
    God helg! *Have a good weekend!*
    God jul! *Merry Christmas!*
    God sommer! *Have a good summer!*
    God tur! *Have a good trip!*
gode (n., et): *benefit, blessing*
golf (n., en): *golf*
golfbane (n., en): *golf course*
golfkølle (n., ei/en): *golf club*
golv (n., et; pl. golv, golvene): *floor*
grad (n., en): *degree*
    10 kuldegrader: *10 degrees below freezing*
    10 varmegrader: *10 degrees above freezing*
grafisk designer (n., en; pl. -designere, -designerne): *graphic designer*
grammatikk (n., en): *grammar*
grandonkel (n., en; pl. -onkler, -onklene): *great uncle*
grandtante (n., ei/en): *great aunt*
granitt (n., en): *granite*
grapefrukt (n., ei/en): *grapefruit*
gratis (adj., gratis, gratis): *free*
gratulere (v., gratulerte, har gratulert): *congratulate*
    Gratulerer med dagen! *Happy Birthday!*
    Gratulerer med dagen! *Happy 17th of May!*
gre (v., gredde, har gredd): *comb*
    gre håret: *comb hair*
grei (adj., greit, greie): *okay; clear; easy-going*
    Det er greit. *That's okay/clear.*
greie (v., greide, har greid): *manage*
gress (n., et): *grass*
    klippe gresset: *cut the grass*
gretten (adj., grettent, gretne): *grouchy*
grillfest (n., en): *barbecue party*
gripe (v., grep, har grepet): *grip, grab hold of*
gris (n., en): *pig*
    heldiggris: *lucky dog*
grovbrød (n., et; pl. -brød, -brødene): *whole grain bread*
grunn (n., en): *reason*
    på grunn av (pga.): *because of*
grunnfag (n., et; pl. -fag, -fagene): *minor subject (in old Norwegian university system)*
grunnlov (n., en): *constitution*
grunntall (n., et; pl. -tall, -tallene): *cardinal numbers*
gruppe (n., ei/en): *group*
grønn (adj., grønt, grønne): *green*
grønnsak (n., ei/en): *vegetable*
grå (adj., grått, grå/gråe): *grey*
gråvær (n., et): *grey or cloudy weather*
Gud: *God*
gud (n., en): *god, deity*
gudinne (n., ei/en): *goddess*
gudstjeneste (n., en): *church service*

gul (adj., gult, gule): *yellow*
gullsmedforretning (n., ei/en): *jewelry store*
gulost (n., en): *yellow cheese*
gulrot (n., ei/en; pl. -røtter): *carrot*
gulv (n., et; pl. gulv, gulvene): *floor*
gummistøvel (n., en; pl. -støvler): *rubber boot*
gutt (n., en): *boy*
gyldig (adj., gyldig, gyldige): *valid*
gyngestol (n., en): *rocking chair*
gøy (adj., gøy, gøye): *fun; amusing*
    Det var gøy. *That was fun!*
    ha det gøy: *have fun*
gøy (sub.): *fun*
gå (v., gikk, har gått): *go; walk*
    gå i banken: *go to the bank*
    gå i bokhandelen: *go to the bookstore*
    gå i butikken: *go to the store*
    gå i kirken: *go to church*
    gå på bar/pub: *go to a bar*
    gå på biblioteket: *go to the library*
    gå på bretur: *go on a glacier hike*
    gå på fest: *go to a party*
    gå på forelesning: *attend a lecture*
    gå på fotballkamp: *go to a soccer game*
    gå på fottur: *go for a hike*
    gå på idrettsarrangement: *go to an athletic/sports event*
    gå på jakt: *go hunting*
    gå på kafé: *go to a cafe*
    gå på kino: *go to the movies*
    gå på konsert: *go to a concert*
    gå på kunstutstilling: *go to an art exhibition*
    gå på museum: *go to a museum*
    gå på musikal: *go to a musical*
    gå på møte: *go to a meeting*
    gå på nattklubb: *go to a night club*
    gå på opera: *go to an opera*
    gå på pub: *go to a pub*
    gå på restaurant: *go to a restaurant*
    gå på ski: *go cross-country skiing*
    gå på skøyter: *go skating*
    gå på spasertur: *go on a walk, stroll*
    gå på teater: *go to the theater*
    gå på tur: *go for a hike, walk*
    gå til timen: *go to class*
    gå tur: *go for a walk*
gård (n., en): *farm*
    bo på en gård: *live on a farm*
gårdbruker (n., en; pl. -brukere, brukerne): *farmer*

H

ha (v., hadde, har hatt): *have*
    Ha det! *Good-bye!*
    Ha det bra! *Good-bye!*
    ha det hyggelig: *have a nice time*
    ha det morsomt: *have fun*
    ha det travelt: *be busy*
hage (n., en): *yard; garden*
    stelle i hagen: *work in the garden, yard*
hagearbeid (n., et): *garden work*
hagestell (n., et): *garden work*
hallo: *hello*
hals (n., en): *throat*
halv (adj., halvt, halve): *half*
halvbror (n., en; pl. -brødre, -brødrene): *half-brother*
halvsøster (n., ei/en; pl. -søstre, -søstrene): *half-sister*
halvtime (n., en): *half hour*
ham (pers. pron., obj.): *him*
    Jeg hjelper ham. *I help him.*
hamburger (n., en; pl. hamburgere, hamburgerne): *hamburger*
hammer (n., en; pl. hammere, hammerne): *hammer*
    Hammeren til Tor heter Mjølner.
    Tor's hammer is named Mjølner.
han (pers. pron., subj.): *he*
    Han er norsk. *He is Norwegian.*
handel (n., en): *trade*
handle (v., handlet, har handlet): *shop*
hans (poss. pron.): *his*
    Jeg kjenner kona hans. *I know his wife.*
hanske (n., en): *glove*
hardangersøm (n., en): *Hardanger embroidery*
hate (v., hatet, har hatet): *hate*
hav (n., et; pl. hav, havene): *ocean*
havregrøt (n., en): *oatmeal*
heade (v., headet, har headet): *head (a soccer ball)*
hebraisk (adj., hebraisk, hebraiske): *Hebrew*
hebraisk (n., en): *Hebrew (language)*
hei: *hi*
heise (v., heiste, har heist): *hoist, raise*
hekling (n., ei/en): *crocheting*
hel (adj., helt, hele): *whole, all*
    hele tida: *all the time*
    hele året: *all year*
    hele dagen: *all day*
heldig (adj., heldig, heldige): *lucky*
heldigvis (adv.): *fortunately, luckily*
helg (n., ei/en): *weekend*
    God helg! *Have a nice weekend!*
    i helga: *this/last weekend*
heller (adv.): *rather; either, neither*
    Ikke jeg heller! *Me neither!*
    Jeg sa heller ikke noe. *I didn't say anything either.*
    Jeg vil heller bli hjemme. *I would rather stay at home.*

helleristning (n., ei/en): *prehistoric rock carving*
helse (n., ei/en): *health*
helsepleie (n., ei/en): *health care*
helsestudio (n., et): *health club*
helsevesen (n., et): *health care industry*
helst (adv.): *preferably, rather*
helt (n., en): *hero*
heltid (n., ei/en): *full-time*
    jobbe heltid: *work full-time*
henne (pers. pron., obj.): *her*
    Jeg kjenner henne. *I know her.*
hennes (poss. pron.): *her*
    Jeg liker bilen hennes: *I like her car.*
hente (v., hentet, har hentet): *pick up, fetch*
her (adv.): *here*
herfra (adv.): *from here*
herre (n., en): *gentleman*
hest (n., en): *horse*
hestehale (n., en): *ponytail*
hete (v., hette/het, har hett): *be called, named*
hevn (n., en): *revenge*
hilse (v., hilste, har hilst): *greet*
hilsen (n., en): *greeting*
    med vennlig hilsen: *with friendly greetings (closing for a letter)*
    beste hilsener: *best greetings (closing for a letter)*
hindi (n., en): *Hindu (language)*
historie (n., ei/en): *history; a story*
hit (adv.): *here (indicates motion)*
    Kom hit! *Come here!*
hjelp (n., ei/en): *help*
    Takk for hjelpen! *Thanks for the help!*
hjelpe (v., hjalp, har hjulpet): *help*
hjelpelærer (n., en; pl. -lærere, -lærerne): *teaching assistant*
hjelpepleier (n., en; pl. -pleiere, -pleierne): *nursing assistant*
hjem (n., et; pl. hjem, hjemmene): *home*
hjemme (adv.): *at home*
hjemmelaget (adj. hjemmelaget, hjemmelaget/hjemmelagede): *homemade*
hjemmeseier (n., en; pl. -seirer, -seirene): *home victory*
hjemmeværende (adj.): *not working outside of the home*
hjemsted (n., et; pl. -steder, -stedene): *home town, area*
hjerte (n., et): *heart*
hobby (n., en): *hobby*
hobbyrom (n., et; pl. -rom, -rommene): *hobby room*
hode (n., et): *head*
hofte (n., ei/en): *hip*
holde (v., holdt, har holdt): *hold, keep*
hoppe (v., hoppet, har hoppet): *jump, hop*
    hoppe over: *skip*
hos (prep.): *at, at someone's home; with*
    hos meg: *at my house*
hoste (v., hostet, har hostet): *cough*
hostesaft (n., ei/en): *cough syrup*
hotell (n., et): *hotel*
    bo på hotell: *stay in a hotel*
hovedrett (n., en): *main dish*

hovedstad (n., en; pl. -steder, -stedene): *capital city*
humaniora (n., pl.): *humanities*
hummer (n., en; pl. hummere, hummerne): *lobster*
humør (n., et): *mood; temperament*
    i godt humør: *in a good mood*
    i dårlig humør: *in a bad mood*
hun (pers. pron., subj.): *she*
    Hun bor her. *She lives here.*
hundre: *hundred*
hundrelapp (n., en): *100-crown bill*
hus (n., et; pl. hus, husene): *house*
Hurtigruten/Hurtigruta: *the Coastal Steamer*
husarbeid (n., et): *housework*
    gjøre husarbeid: *do housework*
husdyr (n., et; pl. -dyr, -dyrene): *house pet, domestic animal*
huske (v., husket, har husket): *remember*
hva: *what*
hvalbiff (n., en): *whale meat, whale fillet*
hva slags: *what kind*
hvem: *who*
hver (adj., hvert): *each, every*
hverandre (pron.): *each other*
    Vi hjelper hverandre. *We help each other.*
hverdag (n., en): *weekday, working day*
hvete (n., en): *wheat*
hvetemel (n., et): *flour*
hvilken (adj. hvilket, hvilke): *which*
hvis (sub. conj.): *if*
hvit (adj. hvitt, hvite): *white*
hvor: *where*
    Hvor bor du? *Where do you live?*
hvor ... : *how ...*
    hvor gammel: *how old*
    hvor langt: *how far*
    hvor lenge: *how long*
    hvor mange: *how many*
    hvor mye: *how much*
    hvor ofte: *how often*
hvordan: *how*
    Hvordan har du det? *How are you?*
hvorfor: *why*
hybel (n., en; pl. hybler, hyblene): *rented room*
    bo på hybel: *live in a rented room*
hyggelig (adj., hyggelig, hyggelige): *nice, pleasant*
hytte (n., ei/en): *cabin*
hyttebok (n., ei/en; pl. -bøker, -bøkene): *cabin guestbook*
hytteliv (n., et): *cabin life*
hyttetur (n., en): *cabin trip*
    dra på hyttetur: *go on a cabin trip*
høre (v., hørte, har hørt): *hear or listen*
høres...ut (v., hørtes, har høres): *sound...*
    Det høres bra ut! *That sounds good!*
høst (n., en): *fall, autumn*
    i høst: *this fall*
    om høsten: *during the fall*
høy (adj., høyt, høye): *tall, high*
høy (n., et): *hay*

høyde (n., en): *height, altitude; hill*
høyhælte sko (n., en; pl. sko, skoene): *high-heeled shoes*
høyre: *right (direction)*
    til høyre: *to the right*
    til høyre for: *to the right of*
høyskole (n., en): *college*
hånd (n., ei/en; pl. hender, hendene): *hand*
håndbagasje (n., en): *carry-on luggage*
håndball (n., en): *handball*
håndkle (n., et; pl. -klær, -klærne): *towel*
håndverker (n., en; pl. -verkere, -verkerne): *craftsperson*
håpe (v., håpet, har håpet): *hope*
håpløs (adj., håpløst, håpløse): *hopeless*
hår (n., et; pl. hår): *hair*
    børste håret: *brush hair*
    føne håret: *dry and style hair*
    gre håret: *comb hair*
    krølle håret: *curl hair*
    vaske håret: *wash hair*

I

i (prep.): *in*
    i dag: *today*
    i fjor: *last year*
    i går: *yesterday*
    i kveld: *tonight*
    i morgen: *tomorrow*
    i morges: *this morning*
    i sommer: *this summer*
    i vinter: *this winter*
    i år: *this year*
idé (n., en): *idea*
    God idé! *Good idea!*
idéhistorie (n., ei/en): *history of ideas*
idrett (n., en): *sport*
    drive med idrett: *participate in sports*
idrettsbygning (n., ei/en): *athletic building*
idrettshall (n., en): *athletic hall*
idrettslag (n., et; pl. -lag, -lagene): *athletic team*
idrettsutøver (n., en; pl. -utøvere, -utøverne): *athlete*
igjen (adv.): *again*
ikke (adv.): *not*
ille (adv./adj., ille, ille): *badly; bad*
India: *India*
indisk (adj., indisk, indiske): *Indian*
industri (n., en): *industry*
industrinæring (n., ei/en): *industry*
influensa (n., en): *influenza*
informasjonsteknologi (n., en): *information technology*
informatikk (n., en): *information science*
ingen: *no; no one*
ingeniør (n., en): *engineer*

ingeniørfag (n., et; pl. -fag, -fagene): *engineering*
initiativ (n., et): *initiative*
 ta initiativer: *take the initiative*
innadvendt (adj., innadvendt, innadvendte): *introverted*
innbygger (n., en; pl. innbyggere, innbyggerne): *inhabitant*
inne (adv.): *inside*
inneholde (v., inneholdt, har inneholdt): *contain*
innflytelse (n., en): *influence*
inngå (v., inngikk, har inngått): *enter into, be part of*
 inngå ekteskap: *get married*
 inngå partnerskap: *become registered partners*
innkjøp (n., et; pl. innkjøp, innkjøpene): *purchase*
innsjekking (n., ei/en): *check-in*
innsjø (n., en): *lake*
inntekt (n., ei/en): *income*
innvandrer (n., en; pl. innvandrere, innvandrerne): *immigrant*
inspirere (v., inspirerte, har inspirert): *inspire*
 inspirert av: *inspired by*
instruks (n., en): *instructions, direction*
instrument (n., et): *instrument*
intelligent (adj., intelligent, intelligente): *intelligent*
interessant (adj., interessant, interessante): *interesting*
 Det var interessant! *That/It was interesting!*
interesse (n., en): *an interest*
interessert (adj., interessert, interesserte): *interested*
 Jeg er interessert i... *I am interested in...*
interiørarkitekt (n., en): *interior designer*
interiør design (n., en): *interior design*
internasjonal (adj., internasjonalt, internasjonale): *international*
internasjonale studier: *international studies*
intervju (n., et): *interview*
intervjue (v., intervjuet, har intervjuet): *interview*
invitere (v., inviterte, har invitert): *invite*
Irak: *Iraq*
Iran: *Iran*
is (n., en): *ice cream*
ishockey (n., en): *ice hockey*
ishockeyhall (n., en): *ice hockey hall*
Island: *Iceland*
islandsk (adj., islandsk, islandske): *Icelandic*
islandsk (n., en): *Icelandic (language)*
Israel: *Israel*
Italia: *Italy*
italiensk (adj., italiensk, italienske): *Italian*
italiensk (n., en): *Italian (language)*

J

ja: *yes*
jakke (n., ei/en): *jacket*
jakt (n., ei/en): *hunting*
 gå på jakt: *go hunting*
 være på jakt etter: *be on the lookout for*

januar: *January*
Japan: *Japan*
japansk (adj., japansk, japanske): *Japanese*
japansk (n., en): *Japanese (language)*
jarlsbergost (n., en): *Jarlsberg cheese*
jeg (pers. pron., sub.): *I*
 Jeg forstår norsk. *I understand Norwegian.*
jente (n., ei/en): *girl*
jernbanestasjon (n., en): *railway station*
jernvareforretning (n., ei/en): *hardware store*
jo: *yes (in reply to negative question)*
jobb (n., en): *job*
 dra på jobben: *go to work*
jobbe (v., jobbet, har jobbet): *work*
jogge (v., jogget, har jogget): *jog*
joggedress (n., en): *jogging suit*
jordbruk (n., et): *agriculture*
jordbær (n., et; pl. -bær, -bærene): *strawberry*
jordnær (adj., jordnært, jordnære): *down-to-earth*
jotun (n., en; pl. jotner, jotnene): *giant in Norse mythology*
Jotunheimen: *home of the giants in Norse mythology; national park in Norway*
journalist (n., en): *journalist*
journalistikk (n., en): *journalism*
Jugoslavia: *Yugoslavia*
jul (n., ei/en): *Christmas*
juleferie (n., en): *Christmas vacation*
julekort (n., et; pl. -kort, -kortene): *Christmas card*
julesang (n., en): *Christmas song*
juletre (n., et; pl. -trær, -trærne): *Christmas tree*
juli: *July*
juni: *June*
jus (n., en): *law*

K

kafé (n., en): *café*
kafeteria (n., en): *cafeteria*
kaffe (n., en): *coffee*
 en kopp kaffe: *cup of coffee*
kajakk (n., en): *kayak*
kake (n., ei/en): *cake*
kald (adj., kaldt, kalde): *cold*
kalender (n., en; pl. kalendrer, kalendrene): *calendar*
kalkulator (n., en): *calculator*
kalkun (n., en): *turkey*
kalkunfilet (n., en): *turkey breast*
kamera (n., et): *camera*
kamp (n., en): *game, match; battle*
kan (v., see "kunne"): *can, am able to*
 Jeg kan bli med. *I can come along.*
kan (v., see "kunne"): *know*
 Jeg kan norsk. *I know Norwegian.*

kanadier/canadier (n., pl. kanadiere, kanadierne): *a Canadian*
kanadisk/canadisk (adj., kanadisk, kanadiske): *Canadian*
kano (n., en): *canoe*
kanotur (n., en): *canoe trip*
    dra på kanotur: *go on a canoe trip*
kanskje (adv.): *perhaps, maybe*
kantine (n., ei/en): *cafeteria*
kapell (n., et): *chapel*
kapittel (n., et ; pl. kapitler, kapitlene): *chapter*
karakter (n., en): *grade*
karamellpudding (n., en): *custard with caramel sauce*
karbonade (n., en): *meat patty*
karriere (n., en): *career*
    gjøre karriere: *have a career*
kart (n., et; pl. kart, kartene): *map*
kassett (n., en): *cassette*
kassettspiller (n., en; pl. -spillere, -spillerne): *cassette player*
kaste (v., kastet, har kastet): *throw*
    kaste opp: *throw up*
    kaste snøball: *throw snowballs*
katedral (n., en): *cathedral*
kaviar (n., en): *caviar*
kebab (n., en): *kebab*
kelner (n., en; pl. kelnere, kelnerne): *waiter*
keramikk (n., en): *pottery, ceramics*
khakibukse (n., ei/en): *khaki pants*
kikke (v., kikket, har kikket): *peek, look*
kilo (n., en/et; pl. kilo, kiloene): *kilo (2.2 pounds)*
Kina: *China*
kinakål (n., en): *Chinese cabbage*
kinesisk (adj., kinesisk, kinesiske): *Chinese*
kinesisk (n., en): *Chinese (language)*
kinn (n., et; pl. kinn, kinnene): *cheek*
kino (n., en): *movie theater*
    gå på kino: *go to the movies*
kiosk (n., en): *newsstand*
kirke (n., ei/en): *a church*
    gå i kirken: *go to church*
kirkelig (adj., kirkelig, kirkelige): *religious, church*
    kirkelig begravelse: *church funeral*
    kirkelig konfirmasjon: *church confirmation*
    kirkelig vigsel: *church wedding*
kirsebær (n., et; pl. -bær, -bærene): *cherry*
kiswahili (n., en): *Kiswahili (official lang. in Tanzania)*
kjede (v., kjedet, har kjedet): *be bored*
kjedelig (adj., kjedelig, kjedelige): *boring*
kjekk (adj., kjekt, kjekke): *handsome, good-looking; nice*
kjeks (n., en; pl. kjeks, kjeksene): *cracker*
kjeller (n., en; pl. kjellere, kjellerne): *cellar, basement*
kjellerstue (n., ei/en): *family room in basement*
kjemi (n., en): *chemistry*
    Kjemien stemte. *The chemistry was right.*
kjendis (n., en): *celebrity*
kjenne (v., kjente, har kjent): *know, be acquainted*
kjent (adj., kjent, kjente): *well-known, familiar*
kjernefamilie (n., en): *nuclear family*

kjole (n., en): *dress*
    kjole og hvitt: *white tie and tails*
kjær (adj., kjært, kjære): *dear*
    Kjære Anne: *Dear Anne (opening of a letter)*
kjæreste (n., en): *girlfriend or boyfriend*
kjærlighet (n., ei/en): *love*
    kjærlighet ved første blikk: *love at first sight*
kjærlighetsgudinne (n., ei/en): *goddess of love*
kjøkken (n., et): *kitchen*
kjøkkenbenk (n., en): *kitchen counter*
kjøleskap (n., et; pl. -skap, -skapene): *refrigerator*
kjølig (adj., kjølig, kjølige): *cool*
kjønn (n., et; pl. kjønn, kjønnene): *gender*
kjønnsrolle (n., ei/en): *gender roles*
kjøpe (v., kjøpte, har kjøpt): *buy*
    kjøpe klær: *buy clothes*
kjøpepress (n., et): *pressure to buy things*
kjøpesenter (n., et; pl. -sentre, sentrene): *buy*
kjøre (v., kjørte, har kjørt): *drive*
    kjøre bil: *drive a car*
    kjøre motorsykkel: *drive a motorcycle*
    kjøre slalåm: *downhill ski*
    kjøre snowboard/snøbrett: *go snowboarding*
    kjøre snøscooter/snøskuter: *go snowmobiling*
    kjøre telemark: *telemark ski*
kjøtt (n., et): *meat*
kjøttdeig (n., en): *ground meat (beef)*
kjøttkake (n., ei/en): *meat ball, meat cake*
klar (adj., klart, klare): *clear; ready*
    Er du klar? *Are you ready?*
    Klar, ferdig, gå! *Ready, set, go!*
klare (v., klarte, har klart): *manage*
klasse (n., en): *class (of students); grade level*
klasseforstander (n., en; pl. -forstandere, -forstanderne): *home room teacher*
klasserom (n., et; pl. -rom, -rommene): *classroom*
klatre (v., klatret, har klatret): *climb*
kle (v., kledde, har kledd): *clothe, dress*
    kle av seg: *get undressed*
    kle på seg: *get dressed*
    kle seg ut: *dress up (in a costume)*
klem (n., en): *hug*
klementin (n., en): *clementine (fruit)*
klemme (v., klemte, har klemt): *hug*
klesforretning (n., ei/en): *clothing store*
klesskap (n., et; pl. -skap, -skapene): *closet, wardrobe*
klima (n., et): *climate*
klinikk (n., en): *clinic*
klippe (v., klippet, har klippet): *cut*
    klippe gresset: *cut the grass*
    klippe plenen: *cut the lawn*
    klippe seg: *get a haircut*
klokke (n., ei/en): *clock; watch*
    Hva er klokka? *What time is it?*
    Hvor mye er klokka? *What time is it?*
    Hvor mange er klokka? *What time is it?*

JK

klær (n., pl.): *clothing*
klø (v., klødde, har klødd): *itch*
kne (n., et, pl. knær, knærne): *knee*
kneippbrød (n., et; pl. -brød, -brødene): *whole wheat bread*
knekkebrød (n., et; pl. -brød, -brødene): *rye krisp, Wasa bread*
koke (v., kokte, har kokt): *boil*
kokk (n., en): *cook*
kokt (adj., kokt, kokte): *boiled*
    et kokt egg: *boiled egg*
    kokte poteter: *boiled potatoes*
kollega (n., en): *colleague*
kollektiv (adj., kollektivt, kollektive): *collective*
    kollektiv transport: *public transportation*
komedie (n., en): *comedy*
komfortabel (adj., komfortabelt, komfortable): *comfortable*
komme (v., kom, har kommet): *come*
    Kom igjen! *Come on!*
    komme i kontakt med: *come in contact with*
    komme på besøk: *come for a visit*
kommode (n., en): *dresser*
kommune (n., en): *municipality*
kommunikasjon (n., en): *communication, communication studies*
kompliment (n., en): *compliment*
konduktør (n., en): *conductor*
kone (n., ei/en): *wife*
konfirmasjon (n., en): *confirmation*
    borgerlig konfirmasjon: *civil confirmation*
    kirkelig konfirmasjon: *church confirmation*
konfirmere (v., konfirmerte, har konfirmert): *confirm*
    bli konfirmert: *get confirmed*
    konfirmere seg: *get confirmed*
konge (n., en): *king*
    kong Harald: *King Harald*
konsert (n., en): *concert*
    gå på konsert: *go to a concert*
konserthus (n., et; pl. -hus, -husene): *concert hall*
konsulent (n., en): *advisor, consultant*
kontor (n., et; pl. kontor/kontorer): *office*
    arbeide på kontor: *work in an office*
kontorsjef (n., en): *head of office division, department*
kopp (n., en): *cup*
    en kopp kaffe: *cup of coffee*
kor (n., et; pl. kor, korene): *choir*
    synge i kor: *sing in choir*
korn (n., et; korn, kornene): *grain*
korps (n., et; pl. korps, korpsene): *band*
    spille i korps: *play in a band*
korridor (n., en): *corridor, hall*
kort (adj., kort, korte): *short*
kort (n., et; pl. kort, kortene): *card*
    spille kort: *play cards*
kortbukse (n., ei/en): *pair of shorts*
kose (v., koste, har kost): *make things cozy, pleasant*
    kose seg: *enjoy oneself*
koselig (adj., koselig, koselige): *cozy; pleasant, nice*
koste (v., kostet, har kostet): *cost*

kosthold (n., et; pl. -hold, -holdene): *diet*
krabbe (n., ei/en): *crab*
kraftig (adj., kraftig, kraftige): *stocky*
kreativ (adj., kreativt, kreative): *creative*
kreativitet (n., en): *creativity*
kredittkort (n., et; pl. -kort, -kortene): *a credit card*
kreft (n., en): *cancer*
kremost (n., en): *cream cheese*
krig (n., en): *a war*
kriminalitet (n., en): *crime*
Kringsjå studentby: *Kringsjå student housing complex*
kritt (n., et): *chalk*
kro (n., ei/en): *tavern*
    ei/en veikro: *roadside restaurant*
kroatisk (adj., kroatisk, kroatiske): *Croatian*
kroatisk (n., en): *Croatian (language)*
krone (n., ei/en): *crown (Norwegian money)*
kronestykke (n., et): *one-crown coin*
kropp (n., en): *body*
kroppsbygning (n., ei/en): *body shape, build*
kroppsdel (n., en): *body part*
krumkake (n., ei/en): *cone-shaped cookie*
krølle (v., krøllet, har krøllet): *curl*
    krølle håret: *curl hair*
krøllete (adj., krøllete, krøllete): *curly*
ku (n., ei/en): *cow*
kuldegrad (n., en): *(temperature) degree below freezing*
kule (n., ei/en): *scoop (of ice cream)*
kultur (n., en): *culture*
kulturliv (n., et): *cultural life*
kumle (n., ei/en): *potato dumpling*
kunne (v., kan, kunne, har kunnet): *be able to*
    Jeg kan bli med. *I can come along.*
    Jeg kunne slappe av. *I could relax.*
kunne (v., kan, kunne, har kunnet): *know*
    Jeg kan norsk. *I know Norwegian.*
    Jeg kunne tysk. *I knew German.*
kunst (n., en): *art*
kunstgalleri (n., et; pl. -gallerier, -galleriene): *art gallery*
kunsthistorie (n., ei/en): *art history*
kunstner (n., en; pl. kunstnere, kunstnerne): *artist*
kunstutstilling (n., ei/en): *art exhibition*
    gå på kunstutstilling: *go to an art exhibition*
kupé (n., en): *train compartment*
kurdisk (adj., kurdisk, kurdiske): *Kurdish*
kurdisk (n., en): *Kurdish (language)*
kurs (n., et; pl. kurs, kursene): *course*
kusine (n., ei/en): *female cousin*
kusma (n., en): *mumps*
kvalm (adj., kvalmt, kvalme): *nauseated*
kveld (n., en): *evening*
    i kveld: *tonight*
    om kvelden: *during the evening*
kveldsmat (n., en): *evening meal*
kveldsskift (n., et; pl. -skift, -skiftene): *evening shift*
kvinne (n., ei/en): *woman*

kylling (n., en): *chicken*
kyllingfilet (n., en): *chicken breast*
kyllingsalat (n., en): *chicken salad*
kyss (n., et; pl. kyss, kyssene): *kiss*
    Husker du ditt første kyss? *Do you remember your first kiss?*
kysse (v., kysset, har kysset): *kiss*
kyst (n., en): *coast*
kø (n., en): *line*
    sitte i kø: *sit in traffic*
    stå i kø: *stand in line*
kål (n., en): *cabbage*
kåpe (n., ei/en): *woman's overcoat*

L

la (v., lot, har latt): *let, allow*
lage (v., laget, har laget): *make*
    lage mat: *cook*
    lage matpakke: *make a packed lunch*
    lage snømann: *make a snowman*
laks (n., en): *salmon*
    røkt laks: *smoked salmon*
lammefilet (n., en): *lamb fillet*
lammekjøtt (n., et): *lamb meat*
lammekotelett (n., en): *lamb chop*
lampe (n., ei/en): *lamp*
land (n., et; pl. land, landene): *country*
    bo på landet: *live in the country*
landsdel (n., en): *region (of Norway)*
landskapsarkitekt (n., en): *landscape designer*
lang (adj., langt, lange): *long, tall*
langfredag (n., en): *Good Friday*
langrenn (n., et): *cross-country skiing*
    gå langrenn: *go cross-country skiing*
langs (prep.): *along*
langsom (adj., langsomt, langsomme): *slow*
langt (adv.): *far*
lappeteppe (n., et): *patchwork quilt*
lapskaus (n., en): *stew*
lasagne (n., en): *lasagna*
lat (adj., lat, late): *lazy*
latin (n., en): *Latin (language)*
lav (adj., lavt, lave): *low*
lavvo (n., en): *Sami tent*
le (v., lo, har ledd): *laugh*
leddsetning (n., ei/en): *dependent clause*
lede (v., ledet, har ledet): *lead, guide*
ledelse (n., en): *leadership, management*
ledig (adj., ledig, ledige): *available, free*
lefse (n., ei/en): *potato tortilla or flatbread*
lege (n., en): *doctor*
    gå til legen: *go to the doctor*

legevakt (n., ei/en): *emergency room*
legg (n., en): *calf (on leg)*
legge (v., la, har lagt): *place, lay*
    legge seg: *go to bed*
    legge på seg: *gain weight*
    legge om: *change*
legitimasjon (n., en): *identification*
lei (adj., leit, leie): *sad, unhappy; tired of*
    være lei av: *be tired of*
    være lei seg: *be sad*
leie (v., leide, har leid): *rent*
leilighet (n., en): *apartment*
leke (v., lekte, har lekt): *play*
lekse (n., ei/en): *lesson, homework*
    gjøre lekser: *do homework*
leksjon (n., en): *lesson, chapter*
lektor (n., en): *lecturer, instructor*
lenestol (n., en): *easy chair*
lenge (adv.): *long, for a long time*
    for lenge siden: *a long time ago*
    hvor lenge: *how long*
lengte (v., lengtet, har lengtet): *long*
    lengte etter: *long for*
    lengte hjem: *long for home, be homesick*
lese (v., leste, har lest): *read*
    lese avisa: *read the paper*
    lese ei bok: *read a book*
lesesal (n., en): *reading hall*
lete (v., lette, har lett): *look, search*
    lete etter: *look for*
lett (adj., lett, lette): *easy*
lettøl (n., en/et; pl. -øl, -ølene): *beer with low alcohol content*
leve (v., levde, har levd): *live*
    leve av: *live on*
leverpostei (n., en): *liver paté*
levestandard (n., en): *standard of living*
levevane (n., en): *habit*
ligge (v., lå, har ligget): *lie, be located*
ligne (v., lignet, har lignet): *resemble*
lik (adj., likt, like): *like, alike*
    Jeg er lik søstera mi. *I am like my sister.*
like (v., likte, har likt): *like*
    like seg: *like it, get along well*
likestilling (n., ei/en): *equality*
likevel (adv.): *after all, nevertheless*
lilla (adj., lilla, lilla): *lavender*
lillebror (n., en; pl. brødre, brødrene): *little brother*
lillesøster (n., ei/en; søstre, søstrene): *little sister*
lingvistikk (n., en): *linguistics*
liten (adj., lita, lite, små / lille, små): *little, small*
    en liten gutt: *a little boy*
    ei lita jente: *a little girl*
    et lite hus: *a little house*
    små biler: *little cars*
    den lille gutten: *the little boy*
    de små bilene: *the little cars*

litt (adv.): *a little, slightly*
litteratur (n., en): *literature*
livsstil (n., en): *lifestyle*
loff (n., en): *white bread, French bread*
loft (n., et; pl. loft, loftene): *attic*
lokalbåt (n., en): *local boat*
lommebok (n., ei/en; pl. -bøker, -bøkene): *pocketbook*
lompe (n., ei/en): *potato tortilla*
lov (n., en): *permission; law*
    få lov til å: *get permission to*
    ha ikke lov: *have not permission*
love (v., lovet, har lovet / lovte, har lovt / lovde, har lovd): *promise*
lue (n., ei/en): *stocking cap*
luft (n., ei/en): *air*
    frisk luft: *fresh air*
lukke (v., lukket, har lukket): *close*
lunsj (n., en): *lunch*
lusekofte (n., ei/en): *Norwegian cardigan sweater*
lutefisk (n., en): *lutefisk*
lyd (n., en): *sound*
lyddusj (n., en): *"sound shower" (at Gardermoen airport)*
lykkelig (adj., lykkelig, lykkelige): *happy*
lyn (n., et; pl. lyn, lynene): *lightning*
    lyn og torden: *lightning and thunder*
    komme som lyn fra klar himmel:
    happen suddenly and unexpectedly
lyne (lynte, har lynt): *lightning*
lys (adj., lyst, lyse): *light, blonde*
lys (n., et; pl. lys, lysene): *light; candle*
lyst (n., ei/en): *desire*
    ha lyst til å: *have desire to, want to*
    ha lyst på: *have desire for, want*
lytte (v., lyttet, har lyttet): *listen*
lære (v., lærte, har lært): *teach; learn*
lærer (n., en; pl. lærere, lærerne): *teacher*
løk (n., en): *onion*
lønn (n., ei/en): *salary*
løpe (v., løp, har løpt): *run*
lørdag: *Saturday*
løv (n., et): *foliage, leaves*
    rake løv: *rake leaves*
lån (n., et; pl. lån, lånene): *loan*
    ta opp et lån: *take out a loan*
låne (v., lånte, har lånt): *borrow*
    Kan jeg få låne...? *May I borrow...?*
lår (n., et; pl. lår, lårene): *thigh*

M

mage (n., en): *stomach*
    ligge på magen: *lie on one's stomach*
mai: *May*

mais (n., en): *corn*
majones (n., en): *mayonnaise*
makrell (n., en): *mackerel*
    makrell i tomat: *mackerel in tomato sauce*
male (v., malte, har malt): *paint*
maler (n., en; pl. malere, malerne): *painter*
maling (n., ei/en): *paint, painting*
man (pron.): *one*
manager (n., en; pl. managere, managerne): *manager*
mandag: *Monday*
mange (adj.): *many*
mann (n., en; pl. menn, mennene): *man; husband*
margarin (n., en): *margarine*
markedsføring (n., ei/en): *marketing*
Marokko: *Morocco*
mars: *March*
marsipankake (n., ei/en): *marzipan cream cake*
marsjere (v., marsjerte, har marsjert): *march*
mase (v., maste, har mast): *bother, nag*
    mase på noen: *nag someone*
mat (n., en): *food*
matbutikk (n., en): *grocery store*
matematikk (n., en): *mathematics*
matlaging (n., ei/en): *cooking*
matpakke (n., ei/en): *packed lunch*
matvane (n., en): *eating habit*
matvare (n., ei/en): *food item*
matvarebutikk (n., en): *grocery store*
med (adv./prep.): *with*
medisin (n., en): *medicine*
medisterkake (n., ei/en): *pork patty*
meg (pers. pron., obj.): *me*
    De skriver til meg. *They write to me.*
meg (pers. pron., refl.): *myself*
    Jeg barberer meg. *I shave (myself).*
mekke (v., mekket, har mekket): *repair, fix*
    mekke bil: *repair, work on a car*
melde (v., meldte, har meldt): *report, inform*
melk (n., ei/en): *milk*
melkesjokolade (n., en): *milk chocolate*
mellom (adv.): *between*
mellomnivå (n., et): *intermediate level*
    på mellomnivå: *at the intermediate level*
melon (n., en): *melon*
men (conj.): *but*
mene (v., mente, har ment): *have the opinion, think*
    Jeg mener (at) den nye filmen er god.
    I think (that) the new movie is good.
meningsfylt (adj., meningsfylt, meningsfylte): *meaningful*
menneske (n., et): *person*
meny (n., en): *menu*
mer (adj./adv., comparative of "mye"): *more*
merke (n., et): *notice*
    legge merke til: *notice*
meslinger (n., pl.): *measles*
Mexico: *Mexico*
middag (n., en): *dinner*

middels (adj., middels, middels): *average, medium*

    middels høy: *medium tall*

midnattssol (n., ei/en): *midnight sun*

midtgang (n., en): *aisle*

midtvesten: *the Midwest (of the U.S.)*

migrene (n., en): *migraine*

mikrobølgeovn (n., en): *microwave oven*

mild (adj., mildt, milde): *mild*

militær (n., et): *military*

miljø (n., et): *environment, milieu*

    et godt sosialt miljø: *a good social environment*

min (poss. pron., mi, mitt, mine): *my*

    Har du pennen min? *Do you have my pen?*

mindre (adj./adv., comparative of "lite"): *smaller; less*

mineralvann (n., et; pl. -vann): *mineral water*

minne (v., minte, har mint / minnet, har minnet): *remind*

    minn meg på at...: *remind me that...*

    Han minner meg om broren min.
    He reminds me of my brother.

minst (adj./adv., superlative of "liten"): *smallest; least*

minutt (n., et): *minute*

misfornøyd (adj., misfornøyd, misfornøyde): *dissatisfied*

miste (v., mistet, har mistet): *lose*

    miste nøklene sine: *lose one's keys*

mobiltelefon (n., en): *cellular telephone*

modellbygging (n., ei/en): *model building*

moderne (adj., moderne, moderne): *modern, contemporary*

monument (n., et): *monument*

moped (n., en): *moped*

    kjøre moped: *drive a moped*

mor (n., ei/en; pl. mødre, mødrene): *mother*

morfar (n., en; pl. -fedre, fedrene): *maternal grandfather*

morgen (n., en): *morning*

    i morgen: *tomorrow*

    om morgenen: *during the morning*

morgenfugl (n., en): *early bird*

mormor (n., ei/en; pl. -mødre, -mødrene): *maternal grandmother*

morn: *hi, hello*

morn da: *good-bye*

moro (n., ei/en): *fun; entertainment*

    for moro skyld: *for fun*

moro (adj., moro, moro): *fun; funny*

    Det var moro. *That was fun.*

    ha det moro: *have fun*

morsmål (n., et; pl. -mål, -målene): *native language*

morsom (adj., morsomt, morsomme): *funny; fun*

    en morsom film: *a funny movie*

    ha det morsomt: *have fun*

    Det er morsomt å lese. *It's fun to read.*

mosjon (n., en): *exercise*

mosjonere (v., mosjonerte, har mosjonert): *exercise*

mot (prep.): *toward, against*

mote (n., en): *fashion, style*

    siste mote: *the latest fashion*

motebutikk (n., en): *fashion clothing store*

motorbåt (n., en): *motorboat*

motorsykkel (n., en; pl. -sykler, -syklene): *motorcycle*

    kjøre motorsykkel: *drive a motorcycle*

motsatt (adj., motsatt, motsatte): *opposite*

    det motsatte: *the opposite*

MP3-spiller (n., en; pl. -spillere, -spillerne): *MP3 player*

mulig (adj., mulig, mulige): *possible*

mulighet (n., ei/en): *possibility, opportunity*

multe (n., ei/en): *cloudberry*

munn (n., en): *mouth*

muntlig (adj., muntlig, muntlige): *oral, spoken*

museum (n., et; pl. museer, museene): *museum*

    gå på museum: *go to a museum*

musiker (n., en; pl. musikere, musikerne): *musician*

musikk (n., en): *music*

musikkbygning (n., ei/en): *music building*

musikkforretning (n., ei/en): *music store*

mye (adj./adv..): *much, a lot*

møbel (n., et; pl. møbler, møblene): *piece of furniture*

møbelforretning (n., ei/en): *furniture store*

mønster (n., et; pl. mønstre, mønstrene): *pattern, design*

mørk (mørkt, mørke): *dark*

mørketid (n., ei/en): *dark time in mid-winter in Norway*

møtes (v., møttes, har møttes): *meet*

må (v., see "måtte"): *must, has to*

    Jeg må gå nå. *I have to go now.*

måke (v., måket, har måket / måkte, har måkt): *shovel*

    måke snø: *shovel snow*

mål (n., et; pl. mål, målene): *purpose, aim, goal*

måltid (n., et): *meal*

måned (n., en): *month*

månedskort (n., et; pl. -kort, -kortene): *monthly transportation pass*

måte (n., en): *way*

    på en måte: *in a way*

måtte (v., må, måtte, har måttet): *have to, must*

    Jeg må jobbe nå. *I have to work now.*

    Jeg måtte dra hjem. *I had to go home.*

N

nabo (n., en): *neighbor*

nakke (n., en): *neck*

narkose (n., en): *anesthesia*

nasjonaldag (n., en): *national day*

nasjonalitet (n., en): *nationality*

nasjonalsang (n., en): *national song*

natt (n., ei/en; pl. netter, nettene): *night*

    hele natta: *all night*

    om natta: *during the night*

nattmenneske (n., et): *night owl*

nattskift (n., et; pl. -skift, -skiftene): *night shift*

natur (n., en): *nature*

naturattraksjon (n., en): *natural attraction, feature*

naturfag (n., et; pl. -fag, -fagene): *natural science*

navn (n., et; pl. navn, navnene): *name*
    Mitt navn er... *My name is...*
nede (adv.): *down*
nedenfor (adv.): *below*
negativ (adj., negativt, negative): *negative*
nei: *no*
neie (v., neide, har neid / neiet, har neiet): *curtsey*
nervøs (adj., nervøst, nervøse): *nervous*
nese (n., ei/en): *nose*
    Nesa renner. *The nose is running.*
nesten (adv.): *almost*
nevø (n., en): *nephew*
ni: *nine*
niese (n., ei/en): *niece*
nikke (v., nikket, har nikket): *nod; head (a soccer ball)*
nitten: *nineteen*
nitti: *ninety*
noe: *some, any*
    Jeg har ikke noe øl. *I don't have any beer.*
noe: *something*
    Jeg vil ha noe å spise. *I want something to eat.*
noen: *some, any*
    Jeg har noen penger. *I have some money.*
noen: *someone*
    Noen liker å bo her. *Some like to live here.*
nok (adv.): *enough*
nord: *north*
Nord-Amerika: *North America*
Norden: *Nordic countries of Norway, Sweden, Denmark, Finland, Iceland, Faroe Islands, and Greenland*
nordisk (adj., nordisk, nordiske): *Nordic*
nordlending (n., en): *person from Northern Norway*
nordmann (n., en; pl. -menn, -mennene): *a Norwegian*
Nordmarka: *wilderness area north of Oslo*
Nord-Norge: *Northern Norway*
Norge: *Norway*
norsk (adj., norsk, norske): *Norwegian*
norsk (n., en): *Norwegian (language)*
norskforelesning (n., ei/en): *Norwegian lecture, class*
norskkurs (sub. et; pl. -kurs, -kursene): *Norwegian course*
    gå på norskkurs: *attend a Norwegian course*
norsklærer (sub. en; pl. -lære, -lærerne): *Norwegian teacher*
norsktime (n., en): *Norwegian class hour*
Norge: *Norway*
november: *November*
ny (adj., nytt, nye): *new*
nybegynner (n., en; pl. -begynnere, -begynnerne): *beginner*
nydelig (adj., nydelig, nydelige): *beautiful*
nyhet (n., en): *news*
    innenriks: *domestic news*
    kultur: *culture and arts news*
    sport: *sports news*
    teknologi: *technology news*
    utenriks: *world news*
    økonomi: *economics news*
nyse (v., nøs, har nyst): *sneeze*

nyte (v., nøt, har nytt): *enjoy*
    nyte en god middag: *enjoy a good dinner*
nyttår (n., et): *New Year*
    Godt nyttår! *Happy New Year!*
    nyttårsaften: *New Year's Eve*
    1. nyttårsdag: *New Year's Day*
nær (adv./adj., nært, nære): *near, close*
nærhet (n., en): *nearness, vicinity*
næring (n., ei/en): *industry*
nøkkel (n., en; pl. nøkler, nøklene): *key*
nå (adv.): *now*
når: *when*
    Når reiser du? *When are you leaving?*
når (sub. conj.): *when*
    Jeg vet ikke når han jobber. *I don't know when he is working.*

O

odontologi (n., en): *dentistry*
offentlig (adj., offentlig, offentlige): *public*
ofte (adv.): *often, frequently*
og (conj.): *and*
    og så videre (osv.): *and so on, etc.*
også (adv.): *also*
oksekjøtt (n., et): *beef*
oktober: *October*
olabukse/dongeribukse (n., ei/en): *jeans*
olje (n., ei/en): *oil*
oljeutvinning (n., ei/en): *oil extraction*
om (adv./prep.): *about; around; during; in)*
    om fem dager: *in five days*
    om og om igjen: *again and again*
    om sommeren: *during the summer*
    snakker om: *talk about*
om (sub. conj.): *whether; if*
    Jeg vet ikke om jeg kan sove.
    I don't know whether I can sleep.
ombordstigning (n., ei/en): *boarding*
omelett (n., en): *omelet*
omgangssyke (n., en): *stomach flu*
omgi (omga/omgav, har omgitt): *surround*
    omgitt av: *surrounded by*
omtenksom (adj., omtenksomt, omtenksomme): *thoughtful, considerate*
omvisning (n., ei/en): *guided tour*
ond (adj., ondt, onde): *evil, wicked*
onkel (n., en; pl. onkler, onklene): *uncle*
onsdag: *Wednesday*
operasjon (n., en): *operation*
oppdage (v., oppdaget, har oppdaget): *discover*
oppe (adv.): *up; upstairs; out of bed*
opplagt (adj., opplagt, opplagte): *in a good mood*
oppleve (v., opplevde, har opplevd): *experience*

opplevelse (n., en): *experience*
>**en god opplevelse:** *a good experience*

oppvask (n., en): *dishwashing*

oppvaskmaskin (n., en): *dishwasher*

oppvokst: *raised*
>**født og oppvokst:** *born and raised*

optimistisk (adj., optimistisk, optimistiske): *optimistic*

ord (n., et; pl. ord, ordene): *word*

ordbok (n., ei/en; pl. -bøker, -bøkene): *dictionary*

ordenstall (n., et; pl. -tall, -tallene): *ordinal number*

orke (v., orket, har orket): *be able to, manage*
>**jeg orker ikke...:** *I'm not able to.../capable of...*

orkester (n., et; orkestre, orkestrene): *an orchestra*
>**spille i orkester:** *play in an orchestra*

oss (pers. pron., obj.): *us*
>**Han snakker med oss.** *He talks with us.*

oss (pers. pron., refl.): *ourselves*
>**Vi koser oss her.** *We enjoy ourselves here.*

ost (n., en): *cheese*

ostehøvel (n., en; pl. -høvler, -høvlene): *cheese slicer*

overnatte (v., overnattet, har overnattet): *stay overnight*

overnatting (n., ei/en): *sleeping accommodations*

overraskende (adj., overraskende, overraskende): *surprising*

overskyet (adj., overskyet, overskyede/overskyete): *overcast*

overtid (n., ei/en): *overtime*

overvektig (adj., overvektig, overvektige): *overweight*

P

pai (n., en): *pie*

Pakistan: *Pakistan*

pakistansk (adj., pakistansk, pakistanske): *Pakistani*

panel (n., et): *wood paneling*

pang: *bang, boom*
>**Det sa "pang" med en gang.** *It said "bang" right away.*

pannekake (n., ei/en): *pancake*

pannelugg (n., en): *bangs (hair)*

papir (n., et): *paper*

pappapermisjon (n., en): *paternity leave*

par (n., et; pl. par, parene): *pair*
>**et par bukser:** *pair of pants*
>**et par sko:** *pair of shoes*
>**et par sokker:** *pair of socks*

park (n., en): *park*

parkere (v., parkerte, har parkert): *park*

parkering (n., ei/en): *parking*

partner (n., en; pl. partnere, partnerne): *same-sex partner; project partner; business partner*

partnerskap (n., et; pl. -skap, -skapene): *registered partnership for same-sex couples*
>**inngå partnerskap:** *enter into a registered partnership for same-sex couples*

passe (v., passet, har passet): *fit; to take care of*
>**Genseren passer bra.** *The sweater fits well.*
>**passe på barn:** *take care of children*

pastasalat (n., en): *pasta salad*

pause (n., en): *break, pause, intermission*
>**ta en pause:** *take a break*

peanøttsmør (n., et): *peanut butter*

pedagogikk (n., en): *pedagogy*

peis (n., en): *fireplace*

peisestue (n., ei/en): *fireplace room*

peiskos (n., en): *enjoyment by the fire*

peke (v., pekte, har pekt): *point*

pen (adj., pent, pene): *pretty, nice, pleasant, fine*

penge (n., en): *money*
>**ha penger:** *be rich, have money*
>**bruke penger:** *spend money*
>**spare penger:** *save money*

penn (n., en): *pen*

pennal (n., et): *pencil case*

pensjon (n., en): *pension, retirement*

pensjonat (n., et): *bed and breakfast, inn*

pensjonist (n., en): *retiree*

perm (n., en): *binder*

permisjon (n., en): *leave from work*

persisk (adj., persisk, persiske): *Persian*

persisk (n., en): *Persian (language)*

person (n., en): *person*

personlighet (n., ei/en): *personality*

piano (n., et): *piano*

piknik (n., en): *picnic*
>**dra på piknik:** *go on a picnic*

pils (n., en; pl. pils, pilsene): *(pilsner) beer*

pizza (n., en): *pizza*

plage (v., plaget, har plaget): *bother*

plakat (n., en): *poster*

planlegge (v., planla, har planlagt): *plan*

plante (v., plantet, har plantet): *plant*
>**plante blomster:** *plant flowers*

plass (n., en): *place; room, space*
>**god plass:** *plenty of room, space*
>**dårlig plass:** *lack of room, space*

plassbillett (n., en): *reserved seat ticket*

pleie (v., pleide, har pleid): *be accustomed to*
>**Jeg pleier å lese om kvelden.** *I usually read in the evenings.*

plen (n., en): *lawn*
>**klippe plenen:** *mow the lawn*

pling (n., et; pl. pling, plingene): *a ringing sound*
>**Det sa "pling" med en gang.** *It said "ding-ding" right away.*

plomme (n., ei/en): *plum*

plukke (v., plukket, har plukket): *pick*
>**plukke blomster:** *pick flowers*
>**plukke bær:** *pick berries*
>**plukke sopp:** *pick mushrooms*

pluss (adv.): *plus*
>**to pluss to er fire:** *two plus two is four*

Polen: *Poland*

polere (v., polerte, har polert): *polish*
politibetjent (n., en): *police officer*
politiker (n., en, pl. politikere, politikerne): *politician*
politikk (n., en): *politics*
politisk (adj., politisk, politiske): *political*
polsk (adj., polsk, polske): *Polish*
polsk (n., en): *Polish (language)*
pommes frites (n., pl.): *French fries*
populær (adj., populært, populære): *popular*
positiv (adj., positivt, positive): *positive*
post (n., en): *mail*
postbud (n., et; pl. -bud, -budene): *postman*
postkontor (n., et): *post office*
postkortsamling (n., ei/en): *post card collection*
potet (n., en): *potato*
   en bakt potet: *a baked potato*
   kokte poteter: *boiled potatoes*
   stekte poteter: *fried potatoes*
   potetgrateng (n., en): *potato soufflé*
potetgull (n., et; pl. -gull, -gullene): *potato chip*
potetstappe (n., ei/en): *mashed potatoes*
praktisk (adj., praktisk, praktiske): *practical*
prat (n., en): *chat, talk*
   Takk for praten! *Thanks for the chat!*
pratsom (adj., pratsomt, pratsomme): *talkative, chatty*
presang (n., en): *present, gift*
prest (n., en): *pastor, minister*
prestisje (n., en): *prestige*
primitiv (adj., primitivt, primitive): *primitive*
primærnæring (n., ei/en): *primary industry*
pris (n., en): *price*
problem (n., et): *problem*
   ha et problem: *have a problem*
profesjonsstudier: *professional studies*
professor (n., en): *professor*
programmerer (n., en; pl. programmerere, programmererne): *computer programmer*
pronomen (n., et): *pronoun*
provins (n., en): *province*
prøve (n., en): *test*
prøve (v., prøvde, har prøvd): *try*
   Kan jeg prøve disse skoene?
   Can I try these shoes on?
   Jeg prøver å lære norsk.
   I am trying to learn Norwegian.
prøverom (n., et; pl. -rom, -rommene): *fitting room*
psykiater (n., en; pl. psykiatere, psykiaterne): *psychiatrist*
psykolog (n., en): *psychologist*
psykologi (n., en): *psychology*
pudding (n., en): *pudding*
   pudding med vaniljesaus: *pudding with vanilla sauce*
pugge (v., pugget, har pugget): *cram, memorize*
   pugge gloser: *memorize words*
pult (n., en): *student desk*
pusse (v., pusset, har pusset): *polish; brush*
   pusse tennene: *brush teeth*
   pusse opp: *renovate, fix up*

pynte (v., pyntet, har pyntet): *decorate*
pyntegjenstand (n., en): *decoration*
pære (n., ei/en): *pear*
pølse (n., ei/en): *hot dog*
   pølse med brød: *hot dog with a bun*
   pølse med lompe: *hot dog with a potato tortilla*
på (prep.): *on, at, to*
   på bordet: *on the table*
   på lørdag: *on Saturday*
pålegg (n., et): *sandwich spread, meat, or cheese*
pålitelig (adj., pålitelig, pålitelige): *dependable*
påpekende pronomen (n., et): *demonstrative pronoun*
påske (n., ei/en): *Easter*
   God påske! *Happy Easter!*
påskeaften (n., en): *Easter Eve*
1. påskedag (n., en): *Easter Sunday*
2. påskedag (n., en): *Easter Monday*
påskeegg (n., et; pl. -egg, -eggene): *Easter egg*
påskelilje (n., ei/en): *daffodil*
påvirke (v., påvirket, har påvirket): *influence*

Q

R

rabatt (n., en): *discount*
rafte (v., raftet, har raftet): *raft*
rafting (n., ei/en): *whitewater rafting*
rake (v., rakte, har rakt): *rake*
   rake løv: *rake leaves*
rar (adj., rart, rare): *strange, weird*
rask (adj., raskt, raske): *quick, fast*
redaktør (n., en): *editor*
regjering (n., ei/en): *government, administration, cabinet*
regn (n., et): *rain*
regnbue (n., en): *rainbow*
regne (v., regnet, har regnet): *rain*
regning (n., ei/en): *bill, restaurant check*
regnjakke (n., ei/en): *rain jacket*
regnskapsfører (n., en; pl. -førere, -førerne): *accountant*
regnskapsføring (n., ei/en): *accounting, bookkeeping*
regntøy (n., et): *rain wear*
reinsdyrfilet (n., en): *reindeer steak*
reise (v., reiste, har reist): *travel*
   reise med tog: *travel by train*
   reise hjem: *travel home*
   reise seg: *stand up*
reisebyrå (n., et): *travel agency*
reiseliv (n., et): *tourism*

reisemål (n., et; pl. -mål, -målene): *travel destination*

reisemåte (n., en): *type of transportation*

reke (n., ei/en): *shrimp*

rekesalat (n., en): *shrimp salad*

rekke (v., rakte, har rakt): *extend, hold out*

    rekke opp hånda: *raise one's hand*

rekkehus (n., et; pl. -hus): *row house, townhouse*

rektor (n., en): *principal, president of a school*

religion (n., en): *religion*

ren (adj., rent, rene): *clean*

renne (v., rant, har rent): *run (of liquids)*

    Nesa renner. *The nose runs.*

restaurant (n., en): *restaurant*

    gå på restaurant: *go to a restaurant*

restaurantsjef (n., en): *restaurant manager*

rett (adj., rett, rette): *straight; correct, right*

    den rette: *the right one*

    Du har rett. *You are right.*

    rett fram: *straight ahead*

    rett hår: *straight hair*

rett (n., en): *dish, course*

revisor (n., en): *auditor*

ri (v., red, har ridd): *ride (horses)*

rike (n., et): *kingdom*

riktig (adj., riktig, riktige): *correct, right*

rimelig (adj., rimelig, rimelige): *reasonable*

ring (n., en): *ring*

ringe (v., ringte, har ringt): *call, ring*

ris (n., en): *rice*

riskrem (n., en): *rice cream*

    riskrem med rødsaus: *rice cream with red sauce*

rolig (adj., rolig, rolige): *calm, peaceful*

    stille og rolig: *quiet and peaceful*

rolle (n., en): *role*

    Det spiller ingen rolle. *It doesn't matter.*

rom (n., et; pl. rom, rommene): *room*

roman (n., en): *novel*

romkamerat (n., en): *roommate*

rosa (adj., rosa, rosa): *pink*

rosemaling (n., ei/en): *rose painting*

rosett (n., en): *rosette*

rullefortau (n., et): *moving walkway*

rulletrapp (n., ei/en): *escalator*

rumpe (n., ei/en): *butt, backside*

    sitte på rumpa: *sit on one's backside*

rund (adj., rundt, runde): *round*

rundspørring (n., ei/en): *poll*

rundstykke (n., et): *hard roll*

russ (n., en): *high school graduating senior*

russebil (n., en): *car or truck decorated with slogans and ads (driven by a graduating senior)*

russisk (adj., russisk, russiske): *Russian*

russisk (n., en): *Russian (language)*

Russland: *Russia*

rydde (v., ryddet, har ryddet): *clear*

    rydde av bordet: *clear the table*

    rydde opp: *tidy up*

ryddig (adj., ryddig, ryddige): *tidy*

rygg (n., en): *back*

ryggsekk (n., en): *backpack*

rød (adj., rødt, røde): *red*

rømmegrøt (n., en): *sour cream porridge*

rørlegger (n., en; pl. -leggere, -leggerne): *plumber*

røyke (v., røykte, har røykt): *smoke*

    røyke sigaretter: *smoke cigarettes*

    røyke sigarer: *smoke cigars*

    røyke pipe: *smoke a pipe*

røyking (n., ei/en): *smoking*

    Røyking forbudt. *No smoking.*

råd (n., ei/en): *means, wealth*

    ha råd til: *be able to afford to*

råd (n., et): *advice*

S

saft (n., ei/en): *concentrated juice or drink*

saftis (n., en): *popsicle*

saksbehandler (n., en; pl. saksbehandlere, saksbehandlerne): *functionary*

salami (n., en): *salami*

salat (n., en): *salad, lettuce*

salgssjef (n., en): *sales manager*

salongbord (n., et; pl. -bord, -bordene): *coffee table*

samboer (n., en; pl. samboere, samboerne): *domestic partner*

samboerskap (n., et; pl. -skap, -skapene): *domestic partnership*

same (n., en): *Sami person*

Sametinget: *parliament for the Sami people*

samfunn (n., et; pl. samfunn, samfunnene): *society*

samfunnsfag (n., et; pl. -fag, -fagene): *social studies*

samisk (adj., samisk, samiske): *Sami*

samisk (n., en): *Sami (language)*

samle (v., samlet, har samlet): *collect, gather*

samlivsform (n., en): *type of relationships*

sammen: *together*

sammenheng (n., en): *connection, relationship*

samtidig: *at the same time*

sandwich (n., en): *sandwich*

sang (n., en): *song*

sanger (n., en; pl. sangere, sangerne): *singer*

sangstemme (n., en): *singing voice*

sann (adj., sant, sanne): *true*

    Det er sant. *That's true.*

    Du er fra USA, ikke sant? *You are from the USA, aren't you?*

sardin (n., en): *sardine*

Saudi Arabia: *Saudi Arabia*

savne (v., savnet, har savnet): *miss*

    Jeg savner deg. *I miss you.*

score (v., scoret, har scoret): *score*

    score mål: *score a goal*

se (v., så, har sett): *see*

    se på TV: *watch TV*

se...ut (v., så, har sett): *look, appear*

    se glad ut: *look happy*

seg (pers. pron., refl.): *oneself, himself, herself, themselves*

sei (n., en): *pollack (fish)*

seilbrett (n., et; pl. -brett, -brettene): *windsurfing board*

seilbåt (n., en): *a sailboat*

seile (v., seilte, har seilt): *sail*

seiltur (n., en): *sailing*

    dra på seiltur: *go sailing*

sekretær (n., en): *secretary*

seks: *six*

seksten: *sixteen*

seksti: *sixty*

selger (n., en; pl. selgere, selgerne): *salesperson*

selvfølgelig (adv.): *of course*

selv om (sub. conj.): *even though*

    Selv om jeg er sulten, vil jeg ikke spise.
    Even though I'm hungry, I don't want to eat.

selvstendig (adj., selvstendig, selvstendige): *independent*

sen (adj., sent, sene): *late*

sende (v., sendte, har sendt): *send*

senere (adv.): *later*

seng (n., ei/en): *bed*

sennep (n., en): *mustard*

sentral (adj., sentralt, sentrale): *central*

separert (adj., separert, separerte): *separated*

september: *September*

serbisk (adj., serbisk, serbiske): *Serbian*

serbisk (n., en): *Serbian (language)*

serbokroatisk (adj., serbokroatisk, serbokroatiske): *Serbo-Croatian*

serbokroatisk (n., en): *Serbo-Croatian (language)*

seremoni (n., en): *ceremony*

servicenæring (n., ei/en): *service industry*

servitør (n., en): *waiter*

ses (v., såes, har ses): *meet, see one another*

    Vi ses i kveld. *We'll see each other tonight.*

sette (v., satte, har satt): *set down, place*

    sette seg: *sit down*

setning (n., ei/en): *sentence*

severdighet (n., ei/en): *tourist attraction*

shoppe (v., shoppet, har shoppet): *shop*

shorts (n., en): *shorts*

si (v., sier, sa, har sagt): *say*

    Kan du si det en gang til? *Can you say that again?*

    Hva sa du? *What did you say?*

side (n., ei/en): *page; side*

siden (prep./sub. conj.): *since*

    for fire år siden: *four years ago*

sigarett (n., en): *cigarette*

sightseeing (n., en): *sightseeing*

sikker (adj., sikkert, sikre): *sure, certain, safe*

sikkerhetssjekk (n., en): *security checkpoint*

sikte (v., siktet, har siktet): *aim*

    sikte på: *aim at*

sild (n., ei/en): *herring*

sin (refl. poss. pron., si, sitt, sine): *her; his; their*

    Anne hjelper sønnen sin
    Anne helps her son.

    Pål hjelper dattera si.
    Pål helps his daughter.

    Anne og Pål hjelper barna sine.
    Anne and Pål help their children.

sint (adj., sint, sinte): *angry*

sitron (n., en): *lemon*

sitte (v., satt, har sittet): *sit*

sivilstand (n., en): *marital status*

sjampinjong (n., en): *mushroom*

sjarm (n., en): *charm*

    Jeg falt for sjarmen hans.
    I fell for his charm.

sjekke (v., sjekket, har sjekket): *check; check out, flirt*

    sjekke e-post: *check e-mail*

    sjekke jenter/gutter: *flirt with girls/boys*

sjekketriks (n., et; pl. triks, triksene): *flirting, pick-up techniques*

sjelden (adj., sjeldent, sjeldne): *seldom*

sjenert (adj., sjenert, sjenerte): *shy*

sjokolade (n., en): *chocolate*

sjokoladepålegg (n., et; pl. -pålegg, -påleggene): *chocolate spread for bread*

sju: *seven*

sjø (n., en): *ocean, sea*

sjøfart (n., en): *shipping*

skade (n., en): *injury*

skade (v., skadet, har skadet): *injure*

    skade seg: *injure oneself*

skal (v., see "skulle"): *shall, is going to*

    Jeg skal slappe av. *I am going to relax.*

skallet (adj., skallet, skallede/skallete): *bald*

skap (n., et; pl. skap, skapene): *cupboard*

skatt (n., en): *tax; treasure*

sketsj (n., en): *skit*

ski (n., ei/en; pl. ski, skiene): *ski*

    gå på ski: *go cross-country skiing*

    stå på ski: *go downhill skiing*

skifte (v., skiftet, har skiftet): *change (clothes)*

skihopp (n., et; pl. -hopp, -hoppene): *ski jump*

skildre (v., skildret, har skildret): *portray, describe*

skille seg (v., skilte, har skilt): *divorce*

skilt (adj., skilt, skilte): *divorced*

skilt (n., et; pl. skilt, skiltene): *sign*

skiløype (n., en): *ski trail*

skinke (n., ei/en): *ham*

skinne (v., skinte, har skint): *shine*

skisesong (n., en): *ski season*

skiutstyr (n., et): *ski equipment*

skive (n., ei/en): *slice (of bread or other things)*

skjegg (n., et; pl. skjegg, skjeggene): *beard*

skjerf (n., et; pl. skjerf, skjerfene): *scarf*

skjerpe (v., skjerpet, har skjerpet): *make more rigorous, tighten up*

    skjerpe seg: *get with it, improve*

skjorte (n., ei/en): *shirt*

skjærgård (n., en): *archipelago, group of many islands*

skjærtorsdag (n., en): *Maundy Thursday*

skjørt (n., et, pl. skjørt, skjørtene): *skirt*

skli (v., skled/sklidde, har sklidd): *slide*

sklie (n., ei/en): *slide*

sko (n., en; pl. sko, skoene): *shoe*

skobutikk (n., en): *shoe store*

skog (n., en): *forest*

skogbruk (n., et): *logging industry*

skole (n., en): *school*

    gå på skole: *attend school*

skriftlig (adj., skriftlig, skriftlige): *written*

skriftspråk (n., et; pl. -språk, -språkene): *written language*

skrive (v., skrev, har skrevet): *write*

    skrive brev: *write letters*

    skrive e-post: *write an e-mail*

    skrive oppgave: *write a paper, assignment*

    skrive rapport: *write a report*

skrivebord (n., et; pl. -bord, -bordene): *desk*

skriving (n., ei/en): *writing*

skudd (n., et; pl. skudd, skuddene): *shot*

skuespill (n., et; pl. -spill, -spillene): *play*

skuespiller (n., en; pl. -spillere, -spillerne): *actor*

skulder (n., ei/en; pl. skuldrer, skuldrene): *shoulder*

skuff (n., en): *drawer*

skulle (v., skal, skulle, har skullet): *be going to*

    Jeg skal lese nå. *I am going to read now.*

    Jeg skulle dra hjem. *I was going to go home.*

    Jeg skulle trene mer. *I should work out more.*

skulptur (n., en): *sculpture*

skulpturpark (n., en): *sculpture park*

skummel (adj., skummelt, skumle): *scary, creepy*

sky (n., ei/en): *cloud*

skyet (adj., skyet, skyede/skyete): *cloudy*

skynde (v., skyndte, har skyndt): *hurry*

    skynde seg: *hurry oneself*

skøyte (n., ei/en): *skate*

    gå på skøyter: *go skating*

skål (n., en): *toast*

    Skål! *Cheers!*

slag (n., et; pl. slag, slagene): *battle*

slalåm (n., ei/en): *slalom*

    stå på slalåm: *downhill ski*

    kjøre slalåm: *downhill ski*

slank (adj., slankt, slanke): *slim*

slanke (v., slanket, har slanket): *slim, diet*

    slanke seg: *lose weight*

slappe av (v., slappet, har slappet): *relax*

slektning (n., ei/en): *relative*

slem (adj., slemt, slemme): *mean*

slips (n., et; pl. slips, slipsene): *tie*

sliten (adj., slitent, slitne): *exhausted, tired out*

slitsom (adj., slitsomt, slitsomme): *tiring, exhausting*

slott (n., et; pl. slott, slottene): *palace, castle*

slutt (n., en): *an end*

    i slutten av: *in the end of*

    til slutt: *in the end, finally*

slutte (v., sluttet, har sluttet): *end, quit*

sløse (v., sløste, har sløst): *waste*

    sløse med penger: *waste money*

    sløse med tid: *waste time*

sløv (adj., sløvt, sløve): *apathetic, lethargic*

sløyd (n., en): *shop class (woodworking/metalwork)*

slå (v., slo, har slått): *hit, strike*

    slå noen: *hit someone*

    slå opp boka: *open the book*

    slå opp i ordboka: *look up in the dictionary*

    slå opp med: *break up with*

    slå pasninger: *make a pass (in soccer)*

smake (v., smakte, har smakt): *taste*

    Det smakte godt! *It tastes good!*

smijern (n., et): *wrought iron*

smile (v., smilte, har smilt): *smile*

smilehull (n., et; pl. -hull, -hullene): *dimple*

sminke seg (v., sminket, har sminket): *put on makeup*

smoking (n., en): *dinner jacket, tuxedo*

smultring (n., en): *doughnut*

smør (n., et): *butter*

smørbrød (n., et; pl. -brød, -brødene): *open-faced sandwich*

smøre (v., smurte, har smurt): *smear, spread*

    smøre matpakke: *make a packed lunch*

små: *little, small (plural form of "liten")*

småbarn (n., et; pl. -barn, -barna): *small child*

småby (n., en): *small town*

småkake (n., ei/en): *cookie*

småprate (v., småpratet, har småpratet): *chat*

snakke (v., snakket, har snakket): *speak, talk*

    snakke i telefonen: *talk on the telephone*

snart (adv.): *soon*

snartur (n., en): *quick trip*

snekker (n., en; pl. snekkere, snekkerne): *carpenter*

snekring (n., ei/en): *carpentry, woodworking*

snill (adj., snilt, snille): *kind, nice*

snobbete (adj., snobbete, snobbete): *snobby*

snu (v., snudde, har snudd): *turn*

    snu seg: *turn around*

snø (n., en): *snow*

snø (v., snødde, har snødd): *snow*

snøball (n., en): *snowball*

    kaste snøball: *throw snowballs*

snømann (n., en; pl. -menn, -mennene): *snowman*

    lage snømann: *make a snowman*

snøscooter/snøskuter (n., en; pl. -scootere, -scooterne): *snowmobile*

    kjøre snøscooter: *go snowmobiling*

sofa (n., en): *sofa*

sofagruppe (n., ei/en): *sofa grouping*

softball (n., en): *softball*

sokk (n., en): *sock*

sol (n., ei/en): *sun*

solbær (n., et; pl. -bær, -bærene): *black currant berry*

sole seg (v., solte, har solt): *sunbathe, lie in the sun*

S

som (rel. pron.): *who, whom, which, that*
>**Jeg har en venn som bor i Norge.**
>*I have a friend who lives in Norway.*
>**Jeg har en lærer som du kjenner.**
>*I have a teacher whom you know.*
>**Jeg har et hus som er 100 år gammelt.**
>*I have a house that is 100 years old.*

somali (n., en): *Somalian language*
Somalia: *Somalia*
somalisk (adj., somalisk, somaliske): *Somalian*
sommer (n., en; pl. somrer, somrene): *summer*
>**i sommer:** *this summer*
>**om sommeren:** *during the summer*
>**til sommeren:** *next summer*

sommerferie (n., en): *summer vacation*
sommerleir (n., en): *summer camp*
sopp (n., en): *mushroom*
>**plukke sopp:** *pick mushrooms*

sosial (adj., sosialt, sosiale): *social*
sosiologi (n., en): *sociology*
sosiologiavdeling (n., ei/en): *sociology department*
sosionom (n., en): *social worker*
sove (v., sov, har sovet): *sleep*
soverom (n., et; pl. -rom, -rommene): *bedroom*
spagetti (n., en): *spaghetti*
Spania: *Spain*
spansk (adj., spansk, spanske): *Spanish*
spansk (n., en): *Spanish (language)*
spare (v., sparte, har spart): *save*
>**spare penger:** *save money*

sparke (v., sparket, har sparket): *kick*
speedo (n., en): *speedo swimsuit*
speil (n., et; pl. speil, speilene): *mirror*
speilegg (n., et; pl. -egg, -eggene): *fried egg*
spennende (adj., spennende, spennende): *exciting*
spesialforretning (n., ei/en): *specialized store*
spill (n., et; pl. spill, spillene): *game*
>**spille spill:** *play games*

spille (v., spilte, har spilt): *play*
>**Det spiller ingen rolle.** *It doesn't matter.*
>**spille amerikansk fotball:** *play American football*
>**spille basketball:** *play basketball*
>**spille brettspill:** *play board games*
>**spille dataspill:** *play computer games*
>**spille fiolin:** *play violin*
>**spille fløyte:** *play flute*
>**spille fotball:** *play soccer*
>**spille gitar** *play guitar*
>**spille golf:** *play golf*
>**spille hardingfele:** *play Hardanger fiddle*
>**spille håndball:** *play handball*
>**spille i band:** *play in a pop/rock band*
>**spille i korps:** *play in a band*
>**spille i orkester:** *play in orchestra*
>**spille klarinett:** *play clarinet*
>**spille kort:** *play cards*
>**spille piano:** *play piano*

>**spille saksofon:** *play saxophone*
>**spille spill:** *play games*
>**spille tennis:** *play tennis*
>**spille trekkspill:** *play accordian*
>**spille trompet:** *play trumpet*
>**spille TV-spill:** *play video games*
>**spille volleyball:** *play volleyball*

spinat (n., en): *spinach*
spise (v., spiste, har spist): *eat*
spisebord (n., et; pl. -bord, -bordene): *dining room table*
spiseforstyrrelse (n., en): *eating disorder*
spiseplass (n., en): *eating area*
spisested (n., et; pl. -steder, -stedene): *eating place*
spisestue (n., ei/en): *dining room*
spisevane (n., en): *eating habit*
spor (n., et; pl. spor, sporene): *train track*
sport (n., en): *sport*
sportsforretning (n., ei/en): *sporting goods store*
sprek (adj., sprekt, spreke): *spry, vigorous, active*
språk (n., et; pl. språk, språkene): *language*
språkkrav (n., et; pl. -krav, -kravene): *language requirement*
språklab (sub, en): *language lab*
språklaboratorium (n., et; pl. -laboratorier, -laboratoriene): *language lab*
spørre (v., spør, spurte, har spurt): *ask*
spørsmål (n., et; pl. spørsmål, spørsmålene): *question*
>**stille spørsmål:** *ask questions*

sta (adj., sta, stae): *stubborn*
stakkars (adj.): *poor*
>**Stakkars deg!** *Poor you!*

stat (n., en): *state*
>**staten Minnesota:** *the state of Minnesota*

statistikk (n., en): *statistics*
statsvitenskap (n., en): *political science*
status (n., en): *status*
stave (v., stavet, har stavet): *spell*
>**Hvordan staver man det?**
>*How does one spell that?*

stavelse (n., en): *syllable*
stavkirke (n., ei/en): *stave church*
stebror (n., en; pl. -brødre, -brødrene): *step-brother*
stefar (n., en; pl. -fedre, -fedrene): *step-father*
stein (n., en): *stone*
steinbit (n., en): *lump fish, Atlantic wolf fish*
steke (v., stekte, har stekt): *fry; bake*
stelle (v., stelte, har stelt): *take care of*
>**stelle i hagen:** *care for the yard, garden*
>**stelle barn:** *care for children*

stemme (v., stemte, har stemt): *agree, be correct*
>**Det stemmer.** *That's right.*

stemor (n., ei/en; pl. -mødre, -mødrene): *step-mother*
stemplingsautomat (n., en): *ticket stamping machine*
stereoanlegg (n., et; pl. -anlegg, -anleggene): *stereo system*
stesøster (n., ei/en; pl. søstre, søstrene): *step-sister*
sti (n., en): *trail, path*
stifte (v., stiftet, har stiftet): *establish*
>**stifte familie:** *establish a family*

stil (n., en): *essay*
    skrive stil: *write an essay*
stille (adj., stille, stille): *quiet*
    stille og rolig: *quiet and peaceful*
stille (v., stilte, har stilt): *ask (questions); put, place*
    stille spørsmål: *ask questions*
    stille vekkerklokka: *set the alarm clock*
stilling (n., ei/en): *position; job*
stjele (v., stjal, har stjålet): *steal*
stol (n., en): *chair*
stor (adj., stort, store): *large, big*
Storbritannia: *Great Britain*
storby (n., en): *large city*
storebror (n., en; pl. -brødre, -brødrene): *big brother*
storesøster (n., ei/en; -søstre, -søstrene): *big sister*
storfamilie (n., en): *multi-generational or extended family*
storme (v., stormet, har stormet): *to storm*
Stortinget: *the Norwegian parliament*
stress (n., et): *stress*
stresse (v., stresset, har stresset): *stress*
stressende (adj., stressende, stressende): *stressful*
strikke (v., strikket, har strikket): *knit*
strikking (n., ei/en): *knitting*
strømpebukse (n., ei/en): *tights, pantyhose*
student (n., en): *student*
studentby (n., en): *student town, housing complex*
studenthjem (n., et; pl. -hjem, -hjemmene): *dormitory*
    bo på studenthjem: *live in the dorm*
studentsenter (n., et; pl. -sentre, -sentrene): *student center*
studere (v., studerte, har studert): *study*
    studere ved et universitet: *study at a university*
studiegjeld (n., ei/en): *student loan debt*
studieopphold (n., et; pl. -opphold, -oppholdene): *study visit, stay*
studium (n., et; pl. studier, studiene): *academic studies*
stue (n., -ei/en): *living room*
stygg (adj., stygt, stygge): *ugly; bad, mean*
styrketrening (n., ei/en): *strength training*
    drive med styrketrening: *do strength training*
større (adj., comparative of "stor"): *larger*
størrelse (n., en): *size*
størst (adj., superlative of "stor"): *largest*
støvel (n., en; pl. støvler, støvlene): *boot*
støvlett (n., en): *dress boot for winter*
støvsuge (v., -suget, har -suget / -sugde, har -sugd): *vacuum*
stå (v., sto/stod, har stått): *stand*
    stå opp: *get up (in the morning)*
    stå på ski: *go skiing*
    stå på telemark: *go telemark skiing*
    stå på vannski: *go water skiing*
subsidiering (n., ei/en): *subsidizing*
substantiv (n., et): *noun*
sukker (n., et): *sugar*
sulten (adj., sultent, sultne): *hungry*
sunn (adj., sunt, sunne): *healthy*
suppe (n., ei/en): *soup*
sur (adj., surt, sure): *sour; chilly; in a bad mood*

surfe (v., surfet, har surfet): *surf*
    surfe på Internett: *surf the internet*
suvenir (n., en): *souvenir*
svar (n., et; pl. svar, svarene): *answer*
svare (v., svarte, har svart): *answer*
svart (adj., svart, svarte): *black*
Sveits: *Switzerland*
Sverige: *Sweden*
svensk (adj., svensk, svenske): *Swedish*
svensk (n., en): *Swedish (language)*
svigerfar (n., en; pl. -fedre, -fedrene): *father-in-law*
svigerforeldre (n., pl; -foreldre, -foreldrene): *parents-in-law*
svigerinne (n., ei/en): *sister-in-law*
svigermor (n., ei/en; pl. -mødre, -mødrene): *mother-in-law*
svinefilet (n., en): *pork steak*
svinekjøtt (n., et): *pork*
svinekotelett (n., en): *pork chop*
svoger (n., en; pl. svogere, svogerne): *brother-in-law*
svær (adv./adj., svært, være): *huge; very, extremely*
svømme (v., svømte, har svømt): *swim*
svømmehall (n., en): *swimming hall*
svømming (n., ei/en): *swimming*
sy (v., sydde, har sydd): *sew*
syk (adj., sykt, syke): *sick*
sykdom (n., en): *illness*
sykebil (n., en): *ambulance*
sykehus (n., et; pl. -hus, -husene): *hospital*
sykepleie (n., ei/en): *nursing*
sykepleier (n., en; pl. -pleiere): *nurse*
sykkel (n., en; pl. sykler, syklene): *bicycle*
sykkeltur (n., en): *bicycle ride*
    dra på sykkeltur: *go on a bicycle ride*
sykle (v., syklet, har syklet): *bicycle*
syltetøy (n., et): *jam*
symbol (n., et): *symbol*
symptom (n., et): *symptom*
synd (n., ei/en): *sin; pity*
    Det var synd! *That's too bad!*
synes (v., syntes, har synes): *think, have an opinion*
    Jeg synes (at) læreren er god.
    I think (that) the teacher is good.
synge (v., sang, har sunget): *sing*
    synge i kor: *sing in a choir*
syrisk (adj., syrisk, syriske): *Syrian*
syrisk (n., en): *Syrian (language)*
sytten: *seventeen*
sytti: *seventy*
søndag: *Sunday*
sønn (n., en): *son*
sør: *south*
Sør-Afrika: *South Africa*
Sør-Amerika: *South America*
Sørlandet: *Southern Norway*
sørlending (n., en): *person from Southern Norway*
søsken (n., pl. søsken, søsknene): *siblings*
søskenbarn (n., et; pl. -barn, -barna): *cousin*
søster (n., ei/en; pl. søstre, søstrene): *sister*

søt (adj., søtt, søte): *sweet; cute*
søvn (n., en): *sleep*
så (conj.): *so*

    Jeg er trøtt så jeg skal legge meg.
    I am tired so I am going to go to bed.

så (adv.): *then*

    Jeg står opp kl. 8. Så tar jeg en dusj.
    I get up at 8 o'clock. Then, I take a shower.

sånn: *like that, in such a way*

    sånn passe: *okay (slightly negative)*

T

ta (v., tok, har tatt): *take*

    ta bussen: *take the bus*
    ta det med ro: *take it easy*
    ta en dusj: *take a shower*
    ta en kaffepause: *take a coffee break*
    ta kontakt: *get in touch, contact*
    ta en lur: *take a nap*
    ta en pause: *take a break*
    ta en røyk: *have a smoke/cigarette*
    ta et bad: *take a bath*

taco (n., en): *taco*
tak (n., et; pl. tak, takene): *ceiling*
takk: *thank you*

    Mange takk. *Many thanks.*
    Takk for hjelpen. *Thanks for the help.*
    Takk for i dag. *Thanks for today.*
    Takk for i kveld. *Thanks for tonight.*
    Takk for maten. *Thanks for the food.*
    Takk for meg. *Thanks for having me.*
    Takk for praten. *Thanks for the chat.*
    Takk for sist. *Thanks for the last time.*
    Takk skal du ha. *You shall have thanks.*
    Tusen takk. *A thousand thanks.*

talespråk (n., et; pl. -språk, -språkene): *spoken language*
tall (n., et; pl. tall, tallene): *number*
tanke (n., en): *thought*
tann (n.,, ei/en; pl. tenner, tennene): *tooth*
tannbørste (n., en): *toothbrush*
tannkrem (n., en): *toothpaste*
tannlege (n., en): *dentist*
tannpleier (n., en; pl. -pleiere, -pleierne): *dental hygienist*
tante (n., ei/en): *aunt*
Tanzania: *Tanzania*
tape (v., tapte, har tapt): *lose*

    tape kampen: *lose the game/match*

tavle (n., ei/en): *chalkboard*
T-bane (n., en): *subway*
te (n., en): *tea*
teater (n., et; pl. teatre, teatrene): *theater*

    gå på teater: *go to the theater*

tegne (v., tegnet, har tegnet): *draw*
tegning (n., ei/en): *drawing*
tier (n., en, pl. tiere, tierne): *10-crown coin*
tekstbok (n., ei/en): *textbook*
telefon (n., en): *telephone*

    snakke i telefonen: *talk on the telephone*

telefonnummer (n., et; pl. -numre, -numrene): *phone number*
telle (v., telte, har telt / talte, har talt): *count*
telt (n., et; pl. telt, teltene): *tent*

    ligge i telt: *sleep in a tent*

temperatur (n., en): *temperature*
tempo (n., et): *tempo*
tenke (v., tenkte, har tenkt): *think*

    Jeg tenker på familien min.
    I am thinking about my family.

tenne (v., tente, har tent): *light*

    tenne lampa: *turn on the lamp*
    tenne stearinlyset: *light a candle*

tennis (n., en): *tennis*
tennisbane (n., en): *tennis court*
tennisracket (n., en): *tennis racquet*
tennissko (n., en; pl. -sko, -skoene): *tennis shoe*
tenåring (n., en): *teenager*
teppe (n., et): *rug*
terrasse (n., en): *terrace*
terreng (n., et): *terrain*
tett (adj., tett, tette): *tight, blocked; dense*

    være tett i nesa: *have a stuffy nose*

tettsted (n., et): *town*
ti: *ten*
tid (n., ei/en): *time*

    hele tida: *all the time*
    ha god tid: *have plenty of time*
    ha dårlig tid: *not have enough time*

tidlig (adv./adj., tidlig, tidlige): *early*
tidligere (adj./adv., comparative of "tidlig"): *earlier*
tidsfrist (n., en): *deadline, time limit*
tidsuttrykk (n., et; pl. -uttrykk, -uttrykkene): *time expression*
tier (n., en; pl. tiere): *10-crown coin*
til (adv./prep.): *to*
tilbake (adv.): *back*
tilbringe (v., tilbrakte, har tilbrakt): *spend (time)*

    tilbringe tid: *spend time*

tillegg (n., et; pl. tillegg, tilleggene): *addition*

    i tillegg: *in addition*

time (n., en): *hour*
timeplan (n., en): *timetable (schedule)*
ting (n., en; pl. ting): *thing*
tirsdag: *Tuesday*
titte (v., tittet, har tittet / titta, har titta): *peek, look*

    Jeg bare titter, takk. *I'm just looking, thanks.*

tjene (v., tjente, har tjent): *earn*

    tjene penger: *earn money*

tjeneste (n., en): *favor; service*
tjue: *twenty*
tjuekroning (n., ei/en): *20-crown coin*
to: *two*

toalett (n., et): *toilet*

tog (n., et; pl. tog): *train*
    reise med tog: *travel by train*

tohundrelapp (n., en): *200-crown bill*

toll (n., en): *customs checkpoint; duty*

tolv: *twelve*

tomannsbolig (n., en): *duplex*

tomat (n., en): *tomato*

tomatsuppe (n., ei/en): *tomato soup*

tonem (n., et): *tones in Norwegian words*
    tonem 1: *tone 1*
    tonem 2: *tone 2*

topp (n., en): *top (thin blouse or shirt for women)*

topp (adj.): *great*
    Det er helt topp! *That is just great!*

torden (n., en): *thunder*

tordne (v., tordnet, har tordnet): *thunder*

torg (n., et; pl. torg, torgene): *outdoor market*

torsdag: *Thursday*

torsk (n., en): *cod*

torsketunge (n., ei/en): *cod tongue*

torv (n., ei/en): *turf, grass*
    Hytta har torvtak. *The cabin has a turf/grass roof.*

tradisjon (n., en): *tradition*

trafikk (n., en): *traffic*

trafikkskilt (n., et; pl. -skilt, -skiltene): *traffic sign*

transport (n., en): *transportation*

travel (adj., travelt, travle): *busy*
    ha det travelt: *be busy*

tre: *three*

tre (n., et; pl. trær, trærne): *tree*

tredje: *third*

treffe (v., traff, har truffet): *meet; hit*
    Snøballen traff meg i hodet. *The snowball hit me in the head.*
    treffe en ball: *hit a ball*
    treffe venner: *meet friends*

tregolv (n., et; pl. -golv, -golvene): *wood floor*

trene (v., trente, har trent): *work out, practice*

trenge (v., trengte, har trengt): *need*

trening (n., ei/en): *athletic practice*

treningsdrakt (n., ei/en): *sweatsuit*

treskjæring (n., ei/en): *wood carving*

tretten: *thirteen*

tretti: *thirty*

trikk (n., en): *streetcar*

trimrom (n., et; pl. -rom, -rommene): *exercise room*

trinn (n., et; pl. trinn): *level, step*

trivelig (adj., trivelig, trivelige): *pleasant, comfortable*

trives (v., trivdes, har trives): *thrive, get along well*
    Jeg trives godt. *I am getting along well.*

tro (v., trodde, har trodd): *think, believe*
    Jeg tror (at) hun heter Anne, men jeg er ikke sikker.
    I think (that) she is named Anne, but I'm not sure.
    Jeg tror på Gud. *I believe in God.*

trompet (n., en): *trumpet*

truse (n., ei/en): *panties*

trygghet (n., ei/en): *safety*

trykk (n., et; pl. trykk, trykkene): *pressure; stress (in a word)*

trønder (n., en; pl. trøndere, trønderne): *person from Trøndelag*

trøtt (adj., trøtt, trøtte): *tired*

T-skjorte (n., ei/en): *T-shirt*

Tunisia: *Tunisia*

tur (n., en): *trip; walk*
    gå en tur: *go for a walk*

turisme (n., en): *tourism*

turist (n., en): *tourist*

turistattraksjon (n., en): *tourist attraction*

turnus (n., en): *rotation*

turterreng (n., et): *hiking terrain*

tusenlapp (n., en): *1000-crown bill*

TV (n., en): *TV*

TV-spill (n., et; pl. -spill, -spillene): *video game*
    spille TV-spill: *play video games*

TV-stue (n., ei/en): *TV room*

tyggegummi (n., en): *chewing gum*

tykk/tjukk (adj., tykt/tykke, tjukt/tjukke): *thick, fat*

tynn (adj., tynt, tynne): *thin*

typisk (adj., typisk, typiske): *typical*

tyrkisk (adj., tyrkisk, tyrkiske): *Turkish*

tyrkisk (n., en): *Turkish (language)*

tysk (adj., tysk, tyske): *German*

tysk (n., en): *German (language)*

Tyskland: *Germany*

tyttebær (n., et; pl. -bær, -bærene): *lingonberry*

tøff (adj., tøft, tøffe): *tough*

tøffel (n., en; pl. tøfler, tøflene): *slipper*
    et par tøfler: *a pair of slippers*

tømmer (n., et): *timber*

tørke (v., tørket, har tørket): *dry*

tørkeskap (n., et; pl. -skap, -skapene): *drying closet (for clothes)*

tørketrommel (n., en; pl. -tromler, -tromlene): *dryer*

tørst (adj., tørst, tørste): *thirsty*

tå (n., ei/en; pl. tær, tærne): *toe*

tåke (n., ei/en): *fog*

tålmodig (adj., tålmodig, tålmodige): *patient*

U

uavgjort (adj., uavgjort, uavgjorte): *tied (in a game or match)*

ubehagelig (adj., ubehagelig, ubehagelige): *uncomfortable, unpleasant*

ubestemt (adj., ubestemt, ubestemte): *undecided; indefinite*
    ubestemt form av substantivet: *indefinite form of the noun*

ugift (adj., ugift, ugifte): *single, unmarried*

ugrei (adj., ugreit, ugreie): *difficult (a person)*

uke (n., ei/en): *week*
    hele uka: *all week*
    i ei uke: *for a week*
    om ei uke: *in a week*

ulempe (n., ei/en): *disadvantage*

ull (n., ei/en): *wool*

underbukse (n., ei/en): *pair of underpants*

underetasje (n., en): *basement*

underholdning (n., en): *entertainment*

undersøkelse (n., en): *a research study; examination*

undertegne (v., undertegnet, har undertegnet): *sign*

undertøy (n., et): *underclothing*

undervise (v., underviste, har undervist): *instruct, teach*

    undervise i norsk: *instruct in Norwegian*

undervisning (n., ei/en): *instruction, teaching*

ung (adj., ungt, unge): *young*

Ungarn: *Hungary*

ungarsk (adj., ungarsk, ungarske): *Hungarian*

ungarsk (n., en): *Hungarian (language)*

ungdomsskole (n., en): *junior high school*

unge (n., en): *young one, child*

universitet (n., et): *university*

    studere ved et universitet: *study at a university*

unnskylde (v., unnskyldte, har unnskyldt): *excuse*

    Unnskyld! *Excuse me!*

    unnskylde seg: *excuse onself*

unntak (n., et; pl. unntak, unntakene): *exception*

upålitelig (adj., upålitelig, upålitelige): *unreliable*

urdu (n., en): *Urdu (language)*

urolig (adj., urolig, urolige): *anxious, worried; restless*

USA: *USA*

uselvstendig (adj., uselvstendig, uselvstendige): *dependent*

usunn (adj., usunt, usunne): *unhealthy*

utadvendt (adj., utadvendt, utadvendte): *extrovert*

utdanning (n., ei/en): *education*

ute (adv.): *out, outside*

utearbeid (n., et): *outdoor work*

utedo (n., en/et): *outhouse*

uten (prep): *without*

utenfor (adv./prep.): *outside of, out of, beyond*

utfordrende (adj., utfordrende, utfordrende): *challenging*

utfordring (n., ei/en): *challenge*

utgift (n., en): *expense*

utlandet: *abroad, foreign countries*

    dra til utlandet: *go abroad*

    bo i utlandet: *live abroad*

utmerket (adj., utmerket, utmerkede/utmerkete): *great, terrific*

utrolig (adj., utrolig, utrolige): *unbelievable*

utseende (n., et): *appearance*

utsette (v., utsatte, har utsatt): *put off, postpone*

utsikt (n., en): *view*

utslett (n., et; pl. utslett, utslettene): *rash*

utstyr (n., et): *equipment*

uttale (n., en): *pronunciation*

uttale (v., uttalte, har uttalt): *pronounce*

    uttale norsk riktig: *pronounce Norwegian correctly*

utvalg (n., et; pl. utvalg, utvalgene): *selection*

utvandre (v., utvandret, har utvandret): *emigrate*

utvikling (n., ei/en): *development*

utålmodig (adj., utålmodig, utålmodige): *impatient*

uvanlig (adj., uvanlig, uvanlige): *unusual, uncommon*

uvennlig (adj., uvennlig, uvennlige): *unfriendly*

uærlig (adj., uærlig, uærlige): *dishonest*

V

vaffel (n., en; pl. vafler, vaflene): *waffle*

vakker (adj., vakkert, vakre): *beautiful*

valgfag (n., et; pl. -fag, -fagene): *elective (course)*

vandrerhjem (n., et; pl. -hjem, -hjemmene): *youth hostel*

vanlig (adj., vanlig, vanlige): *common, normal*

vanligvis (adv.): *usually*

    Vanligvis sykler jeg til skolen. *Usually, I bicycle to school.*

vann (n., et; pl. vann): *water*

vannkopper (n., pl.) *chicken pox*

vannski (n., ei/en; pl. -ski, -skiene): *water ski*

    stå på vannski: *water ski*

vanskelig (adj., vanskelig, vanskelige); *difficult, hard*

vant (adj., vant, vante): *usual, customary*

    bli vant til: *get used to, accustomed to*

var (v., see "være"): *was, were*

varehus (n., et; pl. -hus, -husene): *department store*

variasjon (n., en): *variation*

variere (v., varierte, har variert): *vary*

variert (adj., variert, varierte): *varied*

varm (adj., varmt, varme): *warm*

varmegrad (n., en): *degree above freezing*

varmekabel (n., en; pl. -kabler, -kablene): *heat cables in heated floors*

vase (n., en): *vase*

vask (n., en): *sink*

vaske (v., vasket, har vasket): *wash*

    vaske bilen: *wash the car*

    vaske håret: *wash one's hair*

    vaske klær: *wash clothes*

    vaske opp: *wash dishes*

    vaske seg: *wash oneself*

vaskerom (n., et; pl. -rom, -rommene): *laundry room*

ved (n., en): *wood*

ved (prep.): *at, by*

    ved siden av: *beside*

vegetarianer (n., en; pl. vegetarianere, vegetarianerne): *vegetarian*

vegg (n., en): *wall*

    på veggen: *on the wall*

veggseksjon (n., en): *bookcase (wall unit)*

vei (n., en): *road, street; way*

    Kan du si meg veien til...?
    Can you tell me the way to...?

    kort vei: *a short way, distance*

    lang vei: *a long way, distance*

    være i veien: *be in the way*

veie (v., veide, har veid): *weigh*

vekke (v., vekket, har vekket): *wake up (someone)*

    Kan du vekke meg i morgen? *Can you wake me up tomorrow?*

vekkerklokke (n., ei/en): *alarm clock*
veksle (v., vekslet, har vekslet): *exchange*
vekt (n., ei/en): *weight*
vektløfting (n., ei/en): *weightlifting*
veldig (adv.): *very*
velge (v., valgte, har valgt): *choose*
velkommen: *welcome*
venn (n., en): *friend*
vennekrets (n., en): *circle of friends*
venninne (n., ei/en): *(female) friend, girlfriend*
vennlig (adj., vennlig, vennlige): *friendly*
venstre: *left*
    til venstre: *to the left*
    til venstre for: *to the left of*
veranda (n., en): *porch*
verb (n., et): *verb*
verden (n., en): *world*
    hele verden: *the whole world*
verken: *neither*
    verken...eller: *neither...nor*
veske (n., ei/en): *bag, purse*
vest: *west*
Vestlandet: *the western region of Norway*
vestlending (n., en): *person from western Norway*
veterinær (n., en): *veterinarian*
veving (n., ei/en): *weaving*
vidde (n., ei/en): *mountain plateau*
videofilm (n., en): *video*
videokamera (n., et): *video camera*
video-opptak (n., et; pl. -opptak, -opptakene): *video recording*
videospiller (n., en; pl. -spillere, -spillerne): *VCR*
videregående skole (n., en): *upper secondary school, high school*
vielse/vigsel (n., en): *wedding ceremony*
Vietnam: *Vietnam*
vietnamesisk (adj., vietnamesisk, vietnamesiske): *Vietnamese*
vietnamesisk (n., en): *Vietnamese (language)*
viking (n., en): *viking*
vikingferd (n., en): *viking journey*
vikingskip (n., et; pl. -skip, -skipene): *viking ship*
viktig (adj., viktig, viktige): *important*
vil (v., see "ville"): *want to*
vil (v., see "ville"): *will*
ville (v., vil, ville, har villet): *want to*
    Jeg vil gå ut i kveld. *I want to go out tonight.*
    Jeg ville hjelpe ham. *I wanted to help him.*
ville (v., vil, ville, har villet): *be going to, will*
    Prisene vil gå opp. *The prices will increase.*
    Jeg trodde det ville gå bra. *I thought it would go well.*
vin (n., en): *wine*
vind (n., en): *wind*
vindjakke (n., ei/en): *windbreaker*
vindu (n., et): *window*
vinke (v., vinket, har vinket): *wave*
vinmonopol (n., et; pl. -pol, -polene): *Norwegian state liquor store*
vinne (v., vant, har vunnet): *win*
vinter (n., en; pl. vintrer, vintrene): *winter*

    i vinter: *this winter*
    om vinteren: *during the winter*
virke (v., virker, har virket): *appear, seem*
vise (n., ei/en): *song, ballad*
vise (v., viste, har vist): *show*
visning (n., ei/en): *showing (of a home)*
vite (v., vet, visste, har visst): *know*
    Jeg vet ikke. *I don't know.*
vogn (n., ei/en): *train car; wagon*
vokal (n., en): *vowel*
vokse (v., vokste, har vokst): *grow*
    født og oppvokst: *born and raised*
    vokse opp: *grow up*
voksen (adj., voksent, voksne): *grown-up, adult*
volleyball (n., en): *volleyball*
vond (adj., vondt, vonde): *painful*
    ha vondt i: *have pain in*
    Det gjør vondt. *It hurts.*
vott (n., en): *mitten*
vrikke (v., vrikket, har vrikket): *sprain*
vær (n., et): *weather*
    fint/pent vær: *nice weather*
    dårlig vær: *bad weather*
være (v., er, var, har vært): *be*
vær så god: *Here you are (when handing something to someone)!*
vær så god: *Please come and eat (when calling to the table).*
vær så god: *May I help you (at a kiosk, bakery, etc.)?*
våken (adj., våkent, våkne): *awake*
våkne (v., våknet, har våknet): *awaken*
vår (poss. pron., vårt, våre): *our*
    Familien vår er liten. *Our family is small.*
vår (n., en): *spring*
    i vår: *this spring*
    om våren: *during the spring*

W

web designer (n., en; pl. -designere, -designerne): *web designer*
wienerbrød (n., et; pl. -brød, -brødene): *Danish pastry*
wok (n., en): *stir fry, wok*

X

Y

yndling (n., en): *favorite*
    yndlingsboka mi: *my favorite book*
    yndlingsfilmen min: *my favorite film*
yngre (adj., comparative of "ung"): *younger*
yngst (adj., superlative of "ung"): *youngest*
yoga (n., en): *yoga*
yrke (n., et): *job, profession*

Z

Æ

ærlig (adj., ærlig, ærlige): *honest*
æsj: *ugh (expression of distaste)*

Ø

øke (v., økte, har økt / øket, har øket): *increase*
økende (adj., økende, økende): *increasing*
økonom (n., en): *economist*
økonomi (n., en): *economics*
øl (n., en; pl. øl, ølene): *(bottle/glass of) beer*
    Vil du ha en øl? *Would you like a beer?*
øl (n., et): *beer (collective noun)*
    Liker du øl? *Do you like beer?*
ønske (v., ønsket, har ønsket): *desire, wish for*
    ønske seg: *wish for oneself*
øre (n., et): *ear*
ørret (n., en): *trout*
øst: *east*
Østlandet: *eastern Norway*
østlending (n., en): *person from eastern Norway*
øve (v., øvde, har øvd / øvet, har øvet): *practice*
øving (n., ei/en): *exercise*
øy (n., ei/en): *island*
øye (n., et; pl. øyne, øynene): *eye*
øyeblikk (n., et; pl. -blikk, -blikkene): *moment*

Å

å: *to*
åpen (adj., åpent, åpne): *open*
    holde åpent: *be open*
år (n., et; pl. år, årene): *year*
århundreskifte (n., et): *turn of the century*
    ved århundreskiftet: *around the turn of the century*
årsak (n., ei/en): *reason, cause*
    Ingen årsak. *Don't mention it. / You're welcome.*
årstid (n., ei/en): *season*
ås (n., en; pl. æser, æsene): *Aesir, gods (Norse mythology)*
Åsgard (n., en): *home of the gods (Norse mythology)*
åtte: *eight*
åtti: *eighty*

English-Norwegian Glossary

A

ability: *evne* (n., ei/en)
about (prep.): *om*
    talk about: *snakke om*
abroad: *i utlandet*
    go abroad: *dra/reise til utlandet*
    live abroad: *bo i utlandet*
absolutely: *absolutt* (adv.)
    Absolutely not! *Absolutt ikke.*
academic studies: *studium* (n., et; pl. studier, studiene)
accept: *akseptere* (v., aksepterte, har akseptert)
accommodations: *overnatting* (n., ei/en)
accompany: *følge* (v., fulgte, har fulgt)
accountant: *regnskapsfører* (n., en; pl. -førere, -førerne)
accounting: *regnskapsføring* (n., ei/en)
accustomed: *vant* (adj., vant, vante)
    get accustomed to: *bli vant til*
acquaintance: *bekjent* (n., en; pl. bekjente)
acquainted with: *kjenne* (v., kjente, har kjent)
active: *aktiv* (adj., aktivt, aktive)
active: *sprek* (adj., sprekt, spreke)
activity: *aktivitet* (n., en)
actor: *skuespiller* (n., en; pl. -spillere, -spillerne)
actual: *egentlig* (adj., egentlig, egentlige)
actually: *egentlig* (adv.)
addition: *tillegg* (n., et; pl. tillegg, tilleggene)
    in addition: *i tillegg*
address: *adresse* (n., ei/en)
adjective: *adjektiv* (n., et)
administration (in government): *regjering* (n., ei/en)
administration building: *administrasjonbygning* (n., ei/en)
administrative assistant: *administrativ assistent* (n., en)
admittance: *adgang* (n., en)
    No admittance! *Adgang forbudt!*
    free admittance: *gratis adgang*
adopt: *adoptere* (v., adopterte, har adoptert)
adult: *voksen* (n., en)
advantage: *fordel* (n., en)
adverb: *adverb* (n., et)
advertisement: *annonse* (n., en)
aerobics: *aerobic* (n., en)
Aesir (gods of Norse mythology): *ås* (n., en; pl. æser, æsene)
Afrikaans (language): *afrikaans* (n., en)
after: *etter* (adv./prep.)
    etter middag: *after dinner*
after: *etter at* (sub. conj.)
    After I have eaten, I am going to go home.

Etter at jeg har spist, skal jeg dra hjem.
after all: *likevel* (adv.)
afternoon: *ettermiddag* (n., en)
    during the afternoon: *om ettermiddagen*
    this afternoon: *i ettermiddag*
after that: *deretter* (adv.)
afterwards: *etterpå* (adv.)
again: *igjen* (adv.)
against: *mot* (prep.)
age: *alder* (n., en; pl. aldrer, aldrene)
aged cheese: *gamalost/gammelost* (n., en)
agreed, in agreement: *enig* (adj., enig, enige)
    in agreement with someone: *være enig med noen*
    in agreement about something: *være enig i noe*
agriculture: *jordbruk* (n., et)
aim: *sikte* (v., siktet, har siktet)
    aim at: *sikte på*
air: *luft* (n., ei/en)
    fresh air: *frisk luft*
airplane: *fly* (n., et; pl. fly, flyene)
airport: *flyplass* (n., en)
air traffic controller: *flygeleder* (n., en; pl. -ledere, -lederne)
aisle: *midtgang* (n., en)
alarm clock: *vekkerklokke* (n., ei/en)
Albanian: *albansk* (adj., albansk, albanske)
Albanian (language): *albansk* (n., en)
alcohol: *alkohol* (n., en)
a little: *litt* (adv.)
all: *all* (adj., alt, alle)
    all the food: *all maten*
    all the water: *alt vannet*
    all the students: *alle studentene*
all: *hel* (adj., helt, hele)
    all day: *hele dagen*
    all the time: *hele tida*
    all year: *hele året*
allergy: *allergi* (n., en)
allow: *la* (v., lot, har latt)
almost: *nesten* (adv.)
alone: *alene* (adv.)
along: *langs* (prep.)
a lot: *mye* (adj./adv.)
alphabet: *alfabet* (n., et)
already: *allerede* (adv.)
also: *også* (adv.)
alternative: *alternativ* (adj., alternativt, alternative)
alternative: *alternativ* (n., et)
always: *alltid* (adv.)
am: *er (v., see "være")*
am able to: *kan (v., see "kunne")*
ambulance: *sykebil* (n., en)
America: *Amerika*
American: *amerikansk* (adj., amerikansk, amerikanske)
American football: *amerikansk fotball* (n., en)
Amharic: *amharisk* (adj., amharisk, amhariske)
Amharic (language): *amharisk* (n., en)
amusement park: *fornøyelsespark* (n., en)

amusement park: *fritidspark* (n., en)

amusing: *morsom* (adj., morsomt, morsomme)

and: *og* (conj.)

anesthesia: *narkose* (n., en)

angry: *sint* (adj., sint, sinte)

animal: *dyr* (n., et; pl. dyr, dyrene)

ankle: *ankel* (n., en; pl. ankler, anklene)

anorak: *anorakk* (n., en)

anorexia: *anoreksi* (n., en)

answer: *svar* (n., et; pl. svar)

answer: *svare* (v., svarte, har svart)

anthropology: *antropologi* (n., en)

antique (object): *antikvitet* (n., en)

anxiety: *angst* (n., en)

anxious: *urolig* (adj., urolig, urolige)

anyway: *likevel* (adv.)

apartment: *leilighet* (n., en)

apartment building: *blokk* (n., en)

apartment building: *bygård* (n., en)

apathetic: *sløv* (adj., sløvt, sløve)

apologize: *be om unnskyldning* (v., ba/bad, har bedt)

appearance: *utseende* (n., et)

appendicitis: *blindtarmbetennelse* (n., en)

apple: *eple* (n., et)

approximately: *cirka (ca.)*

April: *april*

aquarium: *akvarium* (n., et; pl. akvarier, akvariene)

aquavit: *akevitt* (n., en)

Arabic/Arabian: *arabisk* (adj., arabisk, arabiske)

Arabic (language): *arabisk* (n., en)

archipelago: *skjærgård* (n., en)

architect: *arkitekt* (n., en)

architecture: *arkitektur* (n., en)

are: *er* (v., see "være")

arm: *arm* (n., en)

Armenian: *armensk* (adj., armensk, armenske)

Armenian (language): *armensk* (n., en)

around: *om; rundt* (prep.)

art: *kunst* (n., en)

art exhibition: *kunstutstilling* (n., ei/en)
>   **go to an art exhibition:** *gå på kunstutstilling*

art gallery: *kunstgalleri* (n., et)

art history: *kunsthistorie* (n., ei/en)

artist: *kunstner* (n., en; pl. kunstnere, kunstnerne)

as a matter of fact: *faktisk* (adv.)

ask: *be* (v., ba/bad, har bedt)
>   **ask someone to coffee:** *be noen på kaffe*
>   **ask someone to dinner:** *be noen på middag*

ask: *spørre* (v., spør, spurte, har spurt)

asparagus: *asparges* (n., en)

astronomy: *astronomi* (n., en)

at: *ved; på; hos* (prep.)
>   **at home:** *hjemme*
>   **at my house:** *hos meg*
>   **at my aunt's house:** *hos tanta mi*

at the same time: *samtidig* (adv.)

athlete: *idrettsutøver* (n., en; pl. -utøvere, -utøverne)

athletic building: *idrettsbygning* (n., ei/en)

athletic hall: *idrettshall* (n., en)

athletic practice: *trening* (n., ei/en)

athletic team: *idrettslag* (n., et; pl. -lag, -lagene)

Atlantic wolf fish: *steinbit* (n., en)

attic: *loft* (n., et; pl. loft, loftene)

attractive: *pen* (adj., pent, pene)

auditor: *revisor* (n., en)

August: *august*

aunt: *tante* (n., ei/en)

Australia: *Australia*

author: *forfatter* (n., en; pl. forfattere, forfatterne)

auto mechanic: *bilmekaniker* (n., en; pl. -mekanikere, mekanikerne)

autumn: *høst* (n., en)

available: *ledig* (adj., ledig, ledige)

average: *gjennomsnitt* (n., et)

average: *middels* (adj., middels, middels)

avocado: *avokado* (n., en)

awake: *våken* (adj., våkent, våkne)

awaken: *våkne* (v., våknet, har våknet)

away: *borte* (adv.)

away victory (in sports): *borteseier* (n., en; pl. -seirer, -seirene)

B

baby: *baby* (n., en)

back: *rygg* (n., en)

back: *tilbake* (adv.)

backpack: *ryggsekk* (n., en)

bacon: *bacon* (n., et)

bad: *dårlig* (adj., dårlig, dårlige)

bad: *ille* (adj., ille, ille)

badly: *ille* (adv.)

bag: *veske* (n., ei/en)

baguette: *bagett* (n., en)

baked: *bakt* (adj., bakt, bakte)
>   **a baked potato:** *en bakt potet*

baker: *baker* (n., en; pl. bakere, bakerne)

bakery: *bakeri* (n., et)

balance: *balansere* (v., balanserte, har balansert)

balcony: *balkong* (n., en)

bald: *skallet* (adj., skallet, skallede/skallete)

ballad: *vise* (n., ei/en)

balloon: *ballong* (n., en)

banana: *banan* (n., en)

band (pop/rock): *band* (n., et; pl. band, bandene)
>   **play in a pop/rock band:** *spille i band*

band: *korps* (n., et; pl. korps, korpsene)
>   **play in a band:** *spille i korps*

bang: *pang* (n., -en)
>   **It said "bang" right away.** *Det sa "pang" med en gang.*

bangs (hair): *pannelugg* (n., en)

bank: *bank* (n., en)
    go to the bank: *gå i banken*
baptism: *dåp* (n., en)
baptize: *døpe* (v., døpte, har døpt)
    be baptized: *bli døpt*
bar: *bar* (n., en)
    go to a bar: *gå på bar*
barbeque party: *grillfest* (n., en)
barista (bartender in a coffee shop): *barista* (n., en)
baseball: *baseball* (n., en)
basement: *kjeller* (n., en; pl. kjellere, kjellerne)
basement: *underetasje* (n., en)
basketball: *basketball* (n., en)
bath: *bad* (n., et; pl. bad, badene)
    ta et bad: *take a bath*
bathing suit: *badedrakt* (n., ei/en)
bathroom: *bad* (n., et; pl. bad, badene)
bathtub: *badekar* (n., et; pl. -kar, -karene)
battle: *kamp* (n., en)
battle: *slag* (n., et; pl. slag, slagene)
be: *være* (v., er, var, har vært)
be able to: *kunne* (v., kan, kunne, har kunnet)
    Can you play piano? *Kan du spille piano?*
    Could you help me? *Kunne du hjelpe meg?*
be able to: *orke* (v., orket, har orket)
    I'm not able to/capable of…: *Jeg orker ikke…*
be accustomed to: *pleie* (v., pleide, har pleid)
beautiful: *nydelig* (adj., nydelig, nydelige)
beautiful: *vakker* (adj., vakkert, vakre)
because of: *på grunn av (pga.)*
be correct: *stemme* (v., stemte, har stemt)
    That's correct/right. *Det stemmer.*
be going to: *skulle* (v., skal, skulle, har skullet)
    I am going to eat now. *Jeg skal spise nå.*
    I was going to go home. *Jeg skulle dra hjem.*
    I should work out more. *Jeg skulle trene mer.*
be going to: *ville* (v., vil, ville, har villet)
    You are going to learn fast. *Du vil lære fort.*
    I thought it was going to rain. *Jeg trodde det ville regne.*
behind: *bak* (adv./prep.)
be located: *ligge* (v., lå, har ligget)
below: *nedenfor* (adv.)
be wrong with: *feile* (v., feilet, har feilet / feilte, har feilt)
bean: *bønne* (n., ei/en)
beard: *skjegg* (n., et; pl. skjegg, skjeggene)
because: *fordi* (sub. conj.)
become: *bli* (v., ble, har blitt)
bed: *seng* (n., ei/en)
bed and breakfast: *pensjonat* (n., et)
bedroom: *soverom* (n., et; pl. -rom, -rommene)
beef: *oksekjøtt* (n., et)
beer (collective noun): *øl* (n., et)
    Do you like beer? *Liker du øl?*
beer (bottle/glass of): *øl* (n., en; pl. øl, ølene)
    Would you like a beer? *Vil du ha en øl?*
beer (pilsner): *pils* (n., en; pl. pils, pilsene)
beer with low alcohol content: *lettøl* (n., et/en; pl. -øl, -ølene)

before: *før* (adv./prep./sub. conj.)
begin: *begynne* (v., begynte, har begynt)
    begin school. *begynne på skulen*
believe: *tro* (v., trodde, har trodd)
be located: *ligge* (v., lå, har ligget)
    Oslo ligger på Østlandet.
    Oslo is located in Eastern Norway.
belt: *belte* (n., et)
be named: *hete* (v., hette/het, har hett)
benefit: *gode* (n., et)
berry: *bær* (n., et; pl. bær, bærene)
besides: *dessuten* (adv.)
best: *best* (adj., superlative of "god")
    the best I know/my favorite: *det beste jeg vet*
best man: *forlover* (n., en; pl. forlovere, forloverne)
better: *bedre* (adj., comparative of "god")
between: *mellom* (prep.)
be valid: *gjelde* (v., gjaldt, har gjeldt)
beyond: *utenfor* (adv./prep.)
bicycle: *sykkel* (n., en; pl. sykler, syklene)
bicycle: *sykle* (v., syklet, har syklet)
bicycle ride: *sykkeltur* (n., en)
    go on a bicycle ride: *dra på sykkeltur*
big: *stor* (adj., stort, store)
big brother: *storebror* (n., en; pl. -brødre, -brødrene)
big sister: *storesøster* (n., ei/en; -søstre, -søstrene)
bikini: *bikini* (n., en)
bill: *regning* (n., ei/en)
binder: *perm* (n., en)
biography: *biografi* (n., en)
biology: *biologi* (n., en)
birch leaves: *bjørkeløv* (n., et; pl. -løv, -løvene)
bird: *fugl* (n., en)
birthday: *bursdag* (n., en)
    have a birthday: *fylle år*
birthday: *fødselsdag* (n., en)
birthday card: *bursdagskort* (n., et; pl. -kort, -kortene)
birthday song: *burdagssang* (n., en)
black: *svart* (adj., svart, svarte)
black currant berry: *solbær* (n., et; pl. -bær, -bærene)
blonde: *blond* (adj., blondt, blonde)
blonde: *lys* (adj., lyst, lyse)
blouse: *bluse* (n., ei/en)
blow: *blåse* (v., blåste, har blåst)
blue: *blå* (adj., blått, blå/blåe)
blueberry: *blåbær* (n., et; pl. -bær, -bærene)
board game: *brettspill* (n., et; pl. -spill, -spillene)
    play board games: *spille brettspill*
boarding: *ombordstigning* (n., ei/en)
boarding pass: *boardingkort* (n., et; pl. -kort, -kortene)
boat: *båt* (n., en)
boat trip: *båttur* (n., en)
    go on a boat trip: *dra på båttur*
body: *kropp* (n., en)
body build: *kroppsbygning* (n., ei/en)
body part: *kroppsdel* (n., en)
boil: *koke* (v., kokte, har kokt)

boiled: *kokt* (adj., kokt, kokte)
    a boiled egg: *et kokt egg*
    boiled potatoes: *kokte poteter*
bone: *bein* (n., et; pl. bein, beina)
book: *bok* (n., ei/en; pl. bøker, bøkene)
bookcase (wall unit): *veggseksjon* (n., en)
bookkeeping: *regnskapsføring* (n., ei/en)
bookshelf: *bokhylle* (n., ei/en)
bookstore: *bokhandel* (n., en; pl. -handler, -handlene)
    go to the bookstore: *gå i bokhandelen*
boot: *støvel* (n., en; pl. støvler, støvlene)
bored: *kjede seg* (v., kjedet, har kjedet)
boring: *kjedelig* (adj., kjedelig, kjedelige)
born: *født*
    born and raised: *født og oppvokst*
    I was born in 1985. *Jeg er født i 1985.*
borrow: *låne* (v., lånte, har lånt)
    May I borrow...? *Kan jeg få låne...?*
Bosnia Hercegovina: *Bosnia Hercegovina*
Bosnian: *bosnisk* (adj., bosnisk, bosniske)
Bosnian (language): *bosnisk* (n., en)
both: *både*
    both...and: *både...og* (conj.)
bother: *plage* (v., plaget, har plaget)
bow: *bukke* (v., bukket, har bukket)
boxer shorts: *boxershorts* (n., en)
boy: *gutt* (n., en)
boyfriend: *kjæreste* (n., en)
bra: *brystholder/BH* (n., en)
Brazil: *Brasil*
bread: *brød* (n., et; pl. brød, brødene)
bread food: *brødmat* (n., en)
break: *brekke* (v., brakk, har brukket)
    break one's arm: *brekke armen*
    break one's leg: *brekke beinet*
break: *pause* (n., en)
    take a break: *ta en pause*
breakfast: *frokost* (n., en)
break up with: *slå opp med* (v., slo, har slått)
breast: *bryst* (n., et; pl. bryst, brystene)
bridal couple: *brudepar* (n., et; -par, -parene)
bride: *brud* (n., ei/en)
bridegroom: *brudgom* (n., en; pl. -gommer, -gommene)
briefs: *truse* (n., ei/en)
broccoli: *brokkoli* (n., en)
brochure: *brosjyre* (n., en)
bronze: *bronse* (n., en)
brother: *bror* (n., en; pl. brødre, brødrene)
brother-in-law: *svoger* (n., en; pl. svogere, svogerne)
brown: *brun* (adj., brunt, brune)
brown cheese: *brunost* (n., en)
brush: *børste* (v., børstet, har børstet)
    brush hair: *børste håret*
brush: *pusse* (v., pusset, har pusset)
    brush teeth: *pusse tennene*
build: *bygge* (v., bygget, har bygget)
building: *bygning* (n., ei/en)

building traditions: *byggeskikk* (n., en)
bulimia: *bulimi* (n., en)
burrito: *burrito* (n., en)
bus: *buss* (n., en)
    take the bus: *ta bussen*
    travel by bus: *reise med buss*
bus driver: *bussjåfør* (n., en)
bush: *busk* (n., en)
business: *firma* (n., et; pl. firmaer, firmaene)
business administration: *administrasjon* (n., en)
business partner: *partner* (n., en; pl. partnere, partnerne)
bus station: *busstasjon* (n., en)
busy: *travel* (adj., travelt, travle)
    be busy: *ha det travelt*
but: *men* (conj.)
butt: *rumpe* (n., ei/en)
    sit on one's backside: *sitte på rumpa*
butter: *smør* (n., et)
buy: *kjøpe* (v., kjøpte, har kjøpt)
    buy clothes: *kjøpe klær*
by: *ved* (prep.)
    ved siden av: *beside*

C

cabbage: *kål* (n., en)
cabin: *hytte* (n., ei/en)
cabinet (in government): *regjering* (n., ei/en)
cabin guestbook: *hyttebok* (n., ei/en; pl. -bøker, bøkene)
cabin life: *hytteliv* (n., et)
cabin trip: *hyttetur* (n., en)
    go on a cabin trip: *dra på hyttetur*
cafeteria: *kafeteria* (n., en)
cafeteria: *kantine* (n., ei/en)
café: *kafé* (n., en)
café au lait: *café au lait* (n., en)
café latte: *café latte* (n., en)
café mocha: *café mocca* (n., en)
cake: *kake* (n., ei/en)
cake with cream and fruit filling: *bløtkake* (n., ei/en)
calculator: *kalkulator* (n., en)
calendar: *kalender* (n., en; pl. kalendrer, kalendrene)
calf (on leg): *legg* (n., en)
call: *ringe* (v., ringte, har ringt)
calm: *rolig* (adj., rolig, rolige)
camera: *fotoapparat* (n., et)
camera: *kamera* (n., et)
campground: *campingplass* (n., en)
camping cabin: *campinghytte* (n., ei/en)
    stay in a camping cabin: *bo på campinghytte*
camping trailer: *campingvogn* (n., ei/en)
camping trip: *campingtur* (n., en)
    go camping: *dra på campingtur*

can: *kan* (v., see "be able to")
Canada: *Canada*
Canadian: *kanadisk/canadisk* (adj., kanadisk, kanadiske)
cancer: *kreft* (n., en)
candle: *lys* (n., et; pl. lys, lysene)
canoe: *kano* (n., en)
canoe trip: *kanotur* (n., en)
    go on a canoe trip: *dra på kanotur*
cap: *caps* (n., en)
capital city: *hovedstad* (n., en; pl. -steder, -stedene)
cappuccino: *cappuccino* (n., en)
capri pants: *capribukse* (n., ei/en)
car: *bil* (n., en)
    drive a car: *kjøre bil*
    travel by car: *reise med bil*
card: *kort* (n., et; pl. kort, kortene)
    play cards: *spille kort*
cardinal numbers: *grunntall* (n., et; pl. -tall, -tallene)
career: *karriere* (n., en)
    have a career: *gjøre karriere*
care for: *pleie* (v., pleide, har pleid)
care for: *stelle* (v., stelte, har stelt)
careful: *forsiktig* (adj., forsiktig, forsiktige)
    Be careful! *Vær forsiktig!*
car license plate: *bilskilt* (n., et; pl. -skilt, -skiltene)
carpenter: *snekker* (n., en; pl. snekkere, snekkerne)
carpentry: *snekring* (n., ei/en)
carrot: *gulrot* (n., ei/en; pl. -røtter, -røttene)
carry-on luggage: *håndbagasje* (n., en)
car trip: *biltur* (n., en)
    go on a car trip: *dra på biltur*
cassette: *kassett* (n., en)
cassette player: *kassettspiller* (n., en; pl. -spillere, -spillerne)
castle: *slott* (n., et; pl. slott, slottene)
cathedral: *domkirke* (n., ei/en)
cathedral: *katedral* (n., en)
cauliflower: *blomkål* (n., en)
cauliflower soup: *blomkålsuppe* (n., ei/en)
cause: *årsak* (n., en)
    Don't mention it. / You are welcome. *Ingen årsak.*
caviar: *kaviar* (n., en)
CD: *a CD* (n., en; pl. CD-er, CD-ene)
CD-ROM: *a CD-ROM* (n., en; pl. CD-ROM-er, CD-ROM-ene)
CD player: *CD-spiller* (n., en; pl. -spillere, -spillerne)
ceiling: *tak* (n., et; pl. tak, takene)
celebrate: *feire* (v., feiret, har feiret)
    celebrate Christmas: *feire jul*
celebration: *feiring* (n., ei/en)
celebrity: *kjendis* (n., en)
cellar: *kjeller* (n., en; pl. kjellere, kjellerne)
cellular telephone: *mobiltelefon* (n., en)
central: *sentral* (adj., sentralt, sentrale)
ceramics: *keramikk* (n., en)
cereal: *frokostblanding* (n., ei/en)
ceremony: *seremoni* (n., en)
certain: *sikker* (adj., sikkert, sikre)

chair: *stol* (n., en)
chalk: *kritt* (n., et; pl. kritt, krittene)
chalkboard: *tavle* (n., ei/en)
challenge: *utfordring* (n., ei/en)
challenging: *utfordrende* (adj., utfordrende, utfordrende)
change: *forandring* (n., ei/en)
change: *forandre* (v., forandret, har forandret)
    change oneself: *forandre seg*
change (clothes): *skifte* (v., skiftet, har skiftet)
chapel: *kapell* (n., et)
chapter: *kapittel* (n., et; pl. kapitler, kapitlene)
chapter: *leksjon* (n., en)
charm: *sjarm* (n., en)
    I fell for his charm. *Jeg falt for sjarmen hans.*
chat: *prat* (n., en)
    Thanks for the chat. *Takk for praten.*
chat: *prate* (v., pratet, har pratet)
cheap: *billig* (adj., billig, billige)
check: *sjekke* (v., sjekket, har sjekket)
    check e-mail: *sjekke e-post*
check-in: *innsjekking* (n., ei/en)
check out: *sjekke* (v., sjekket, har sjekket)
    check out girls/boys: *sjekke jenter/gutter*
cheddar cheese: *cheddarost* (n., en)
cheek: *kinn* (n., et; pl. kinn, kinnene)
cheese: *ost* (n., en)
chemistry: *kjemi* (n., en)
    The chemistry was right. *Kjemien stemte.*
cherry: *kirsebær* (n., et; pl. -bær, -bærene)
chest: *bryst* (n., et; pl. bryst, brystene)
chewing gum: *tyggegummi* (n., en)
chicken: *kylling* (n., en)
chicken breast: *kyllingfilet* (n., en)
chicken pox: *vannkopper* (n., pl.)
chicken salad: *kyllingsalat* (n., en)
child: *barn* (n., et; pl. barn, barna)
child care: *barnestell* (n., et)
child care center: *barnehage* (n., en)
children's parade (May 17): *barnetog* (n., et; pl. -tog, -togene)
child's bedroom: *barneværelse* (n., et)
Chile: *Chile*
chili: *chiligryte* (n., ei/en)
chilly: *sur* (adj., surt, sure)
China: *Kina*
Chinese: *kinesisk* (adj., kinesisk, kinesiske)
Chinese cabbage: *kinakål* (n., en)
Chinese (language): *kinesisk* (n., en)
chocolate: *sjokolade* (n., en)
chocolate spread for bread: *sjokoladepålegg* (n., et; pl. -pålegg, -påleggene)
choir: *kor* (n., et; pl. kor, korene)
    sing in a choir: *synge i kor*
chore: *arbeidsoppgave* (n., en)
Christmas: *jul* (n., ei/en)
Christmas card: *julekort* (n., et; pl. -kort, -kortene)
Christmas song: *julesang* (n., en)
Christmas tree: *juletre* (n., et; pl. -trær, -trærne)

Christmas vacation: *juleferie* (n., en)
church: *kirke* (n., ei/en)
    go to church: *gå i kirken*
church-related: *kirkelig* (adj., kirkelig, kirkelige)
    church confirmation: *kirkelig konfirmasjon*
    church funeral: *kirkelig begravelse*
    church wedding: *kirkelig vigsel*
church service: *gudstjeneste* (n., en)
cigarette: *sigarett* (n., en)
circle of friends: *vennekrets* (n., en)
city: *by* (n., en)
    go out on the town: *gå på byen*
civil: *borgerlig* (adj., borgerlig, borgerlige)
    civil confirmation: *borgerlig konfirmasjon*
    civil funeral: *borgerlig begravelse*
    civil naming ceremony: *borgerlig navnefest*
    civil wedding: *borgerlig vigsel*
classroom: *klasserom* (n., et; pl. -rom, -rommene)
clean: *ren* (adj., rent, rene)
clean (the house): *gjøre rent* (v., gjør, gjorde, har gjort)
clear: *rydde* (v., ryddet, har ryddet)
    clear the table: *rydde av bordet*
    straighten up/clean up: *rydde opp*
clementine (fruit): *klementin* (n., en)
clerk (store): *ekspeditør* (n., en)
climate: *klima* (n., et)
climb: *klatre* (v., klatret, har klatret)
clinic: *klinikk* (n., en)
clock: *klokke* (n., ei/en)
    What time is it? *Hva / Hvor mye er klokka?*
close: *lukke* (v., lukket, har lukket)
close: *nær*
closet: *klesskap* (n., et; pl. -skap, -skapene)
clothe: *kle* (v., kledde, har kledd)
    get dressed: *kle på seg*
    get undressed: *kle av seg*
clothing: *klær* (n., pl. klær, klærne)
clothing store: *klesforretning* (n., ei/en)
cloud: *sky* (n., ei/en)
cloudberry: *multe* (n., ei/en)
cloudy: *skyet* (adj., skyet, skyede/skyete)
cloudy weather: *gråvær* (n., et)
coast: *kyst* (n., en)
Coca-Cola: *cola* (n., en)
cod: *torsk* (n., en)
cod tongue: *torsketunge* (n., ei/en)
coffee: *kaffe* (n., en)
cold: *forkjølelse* (n., en)
cold: *kald* (adj., kaldt, kalde)
colleague: *kollega* (n., en)
collect: *samle* (v., samlet, har samlet)
collective: *felles* (adj., felles, felles)
college (American): *college* (n., et; pl. colleger, collegene)
college (Norwegian): *høyskole* (n., en)
color: *farge* (n., en)
comb: *gre* (v., gredde, har gredd)
    comb hair: *gre håret*

come: *komme* (v., kom, har kommet)
    come for a visit: *komme på besøk*
    come in contact with: *komme i kontakt med*
    Come on! *Kom igjen!*
come along: *bli med* (v., ble, har blitt)
comedy: *komedie* (n., en)
comfortable: *behagelig* (adj., behagelig, behagelige)
comfortable: *komfortabel* (adj., komfortabelt, komfortable)
comfortable: *trivelig* (adj., trivelig, trivelige)
common: *felles* (adj., felles, felles)
    common friends: *felles venner*
common: *vanlig* (adj., vanlig, vanlige)
commotion: *bråk* (n., et)
communication: *kommunikasjon* (n., en)
communication studies: *kommunikasjon* (n., en)
company: *bedrift* (n., en)
company: *firma* (n., et)
compartment (on train): *kupé* (n., en)
competent: *flink* (adj., flinkt, flinke)
    be good at: *være flink til å*
compliment: *kompliment* (n., en)
comprehension: *forståelse* (n., en)
computer: *datamaskin* (n., en)
computer center: *datasenter* (n., et; pl. -sentre, -sentrene)
computer game: *dataspill* (n., et; pl. -spill, -spillene)
    play computer games: *spille dataspill*
computer lab: *datarom* (n., et; pl. -rom, -rommene)
computer programmer: *programmerer* (n., en; pl. programmerere, programmererne)
concert: *konsert* (n., en)
    go to a concert: *gå på konsert*
concert hall: *konserthus* (n., et; pl. -hus, -husene)
conductor: *konduktør* (n., en)
cone-shaped cookie: *krumkake* (n., ei/en)
confirm: *konfirmere* (v., konfirmerte, har konfirmert)
    get confirmed: *bli konfirmert*
    get confirmed: *konfirmere seg*
confirmation: *konfirmasjon* (n., en)
    church confirmation: *kirkelig konfirmasjon*
    civil confirmation: *borgerlig konfirmasjon*
congratulate: *gratulere* (v., gratulerte, har gratulert)
    Happy birthday! *Gratulerer med dagen!*
    Happy 17th of May! *Gratulerer med dagen!*
considerate: *omtenksom* (adj., omtenksomt, omtenksomme)
consist: *bestå* (v., besto/bestod, har bestått)
    consist of: *bestå av*
constitution: *grunnlov* (n., en)
consultant: *konsulent* (n., en)
consumer product: *forbruksvare* (n., ei/en)
consumption: *forbruk* (n., et)
contact: *kontakt* (n., en)
    get in contact with: *ta kontakt med*
contain: *inneholde* (v., inneholdt, har inneholdt)
contemporary: *moderne* (adj., moderne, moderne)
context: *sammenheng* (n., en)
continue: *fortsette* (v., fortsatte, har fortsatt)
cook: *kokk* (n., en)

cookie: *småkake* (n., ei/en)

cooking: *matlaging* (n., ei/en)

cool: *kjølig* (adj., kjølig, kjølige)

corn: *mais* (n., en)

correct: *rett* (adj., rett, rette)

correct: *riktig* (adj., riktig, riktige)

corridor: *korridor* (n., en)

cost: *koste* (v., kostet, har kostet)

cotton: *bomull* (n., ei/en)

cough: *hoste* (v., hostet, har hostet)

cough syrup: *hostesaft* (n., ei/en)

could: *kunne* (v., see "kunne")

count: *telle* (v., telte, har telt / talte, har talt)

    count to ten: *telle til ti*

country: *land* (n., et; pl. land, landene)

    live in the country: *bo på landet*

country settlement: *bygd* (n., ei/en)

county (in Norway): *fylke* (n., et)

course: *kurs* (n., et; pl. kurs, kursene)

course (golf): *golfbane* (n., en)

court (tennis): *tennisbane* (n., en)

cousin: *søskenbarn* (n., et; pl. -barn, -barna)

cousin (female): *kusine* (n., ei/en)

cousin (male): *fetter* (n., en; pl. fettere, fetterne)

cover: *dekke* (v., dekket, har dekket)

cow: *ku* (n., ei/en; pl. kyr, kyrne / kuer, kuene)

cozy: *koselig* (adj., koselig, koselige)

crab: *krabbe* (n., ei/en)

crabby: *sur* (adj., surt, sure)

cracker: *kjeks* (n., en; pl. kjeks, kjeksene)

craftsperson: *håndverker* (n., en; pl. -verkere, -verkerne)

cram: *pugge* (v., pugget, har pugget)

crazy: *gal* (adj., galt, gale)

    become crazy: *bli gal*

cream cheese: *kremost* (n., en)

creative: *kreativ* (adj., kreativt, kreative)

creativity: *kreativitet* (n., en)

credit card: *kredittkort* (n., et; pl. -kort, -kortene)

creepy: *skummel* (adj., skummelt, skumle)

crime: *kriminalitet* (n., en)

Croatian: *kroatisk* (adj., kroatisk, kroatiske)

Croatian (language): *kroatisk* (n., en)

crocheting: *hekling* (n., ei/en)

cross-country skiing: *langrenn* (n., et)

crown (Norwegian money): *krone* (n., ei/en)

cucumber: *agurk* (n., en)

cultivate: *dyrke* (v., dyrket, har dyrket)

    grow corn: *dyrke mais*

cultural life: *kulturliv* (n., et)

culture: *kultur* (n., en)

cup: *kopp* (n., en)

    a cup of coffee: *en kopp kaffe*

cupboard: *skap* (n., et; pl. skap, skapene)

curl: *krølle* (v., krøllet, har krøllet)

    curl hair: *krølle håret*

curly: *krøllete* (adj., krøllete, krøllete)

curtain: *gardin* (n., ei/en/et)

close the curtains: *trekke for gardinene*

open the curtains: *trekke fra gardinene*

curtsey: *neie* (v., neide, har neid / neiet, har neiet)

custard with caramel sauce: *karamellpudding* (n., en)

cut: *klippe* (v., klippet, har klippet)

    cut the grass: *klippe gresset*

    cut the lawn: *klippe plenen*

    get a haircut: *klippe seg*

cut (clothes): *fasong* (n., en)

cute: *søt* (adj., søtt, søte)

D

daily: *daglig* (adj., daglig, daglige)

dance: *dans* (n., en)

    go to a dance: *gå på dans*

dancer: *danser* (n., en; pl. -dansere, danserne)

dangerous: *farlig* (adj., farlig, farlige):

Danish: *dansk* (adj., dansk, danske)

Danish (language): *dansk* (n., en)

Danish pastry: *wienerbrød* (n., et; pl. -brød, -brødene)

dark: *mørk* (adj., mørkt, mørke)

dark time in mid-winter in Norway: *mørketid* (n., ei/en)

daughter: *datter* (n., ei/en; pl. døtre, døtrene)

day: *dag* (n., en)

    during the day: *om dagen*

    the whole day: *hele dagen*

    today: *i dag*

day and night (24 hours): *døgn* (n., et; pl. døgn, døgnene)

    all day and night: *døgnet rundt*

deadline: *tidsfrist* (n., en)

dear: *kjær* (adj., kjært, kjære)

    Dear Anne (in a letter): *Kjære Anne*

debt: *gjeld* (n., ei/en)

    student loan debt: *studiegjeld* (n., ei/en)

December: *desember*

decide: *bestemme* (v., bestemte, har bestemt)

    I can't decide. *Jeg kan ikke bestemme meg.*

decorate: *pynte* (v., pyntet, har pyntet)

decoration: *pyntegjenstand* (n., en)

definite: *bestemt* (adj., bestemt, bestemte)

    definite form of the noun: *bestemt form*

    indefinite form of the noun: *ubestemt form*

degree: *grad* (n., en)

    above freezing: *varmegrad* (n., en)

    below freezing: *kuldegrad* (n., en)

delicious: *deilig* (adj., deilig, deilige)

    Det var deilig. *That's delicious.*

delight: *glede* (v., gledet, har gledet)

    be delighted about: *glede seg over*

    look forward to: *glede seg til*

demonstrative pronoun: *påpekende pronomen* (n., et)

Denmark: *Danmark*

dental hygienist: *tannpleier* (n., en; pl. -pleiere, -pleierne)

dentist: *tannlege* (n., en)

dentistry: *odontologi* (n., en)

department store: *varehus* (n., et; pl. -hus, -husene)

dependable: *pålitelig* (adj., pålitelig, pålitelige)

dependent: *uselvstendig* (adj., uselvstendig, uselvstendige)

dependent clause: *leddsetning* (n., ei/en)

depressed: *deprimert* (adj., deprimert, deprimerte)

depression: *depresjon* (n., en)

describe: *beskrive* (v., beskrev, har beskrevet)

design: *mønster* (n., et; pl. mønstre, mønstrene)

desire: *lyst* (n., ei /en)

    have desire for/want: *ha lyst på*

    have desire to/want to: *ha lyst til å*

desk: *skrivebord* (n., et; pl. -bord, -bordene)

dessert: *dessert* (n., en)

development: *utvikling* (n., ei/en)

diabetes: *diabetes* (n., en)

dialect: *dialekt* (n., en)

    speak dialect: *snakke dialekt*

diarrhea: *diaré* (n., en)

dictionary: *ordbok* (n., ei/en; pl. -bøker, bøkene)

die: *dø* (v., døde, har dødd)

diet: *kosthold* (n., et)

difference: *forskjell* (n., en)

different: *forskjellig* (adj., forskjellig, forskjellige)

difficult: *vanskelig* (adj., vanskelig, vanskelige)

difficult (person): *ugrei* (adj., ugreit, ugreie)

dimple: *smilehull* (n., et; pl. -hull, -hullene)

dining room: *spisestue* (n., ei/en)

dining room table: *spisebord* (n., et; pl. -bord, -bordene)

dinner: *middag* (n., en)

dinner jacket (for men): *smoking* (n., en)

diphthong: *diftong* (n., en)

directions: *instruks* (n., en)

disadvantage: *ulempe* (n., ei/en)

discotheque: *diskotek* (n., et)

    go to the disco: *gå på diskoteket*

discount: *rabatt* (n., en)

discover: *oppdage* (v., oppdaget, har oppdaget)

dish: *rett* (n., en)

dishonest: *uærlig* (adj., uærlig, uærlige)

dishwasher: *oppvaskmaskin* (n., en)

dishwashing: *oppvask* (n., en)

dissatisfied: *misfornøyd* (adj., misfornøyd, misfornøyde)

distance: *avstand* (n., en)

divide: *dele* (v., delte, har delt)

divorce: *skille seg* (v., skilte, har skilt)

divorced: *skilt* (adj., skilt, skilte)

do: *gjøre* (v., gjør, gjorde, har gjort)

    do homework: *gjøre lekser, gjøre oppgaver*

doctor: *lege* (n., en)

    go to the doctor: *gå til legen*

domestic animal: *husdyr* (n., et; pl. -dyr, -dyrene)

domestic partnership: *samboerskap* (n., et; pl. -skap, -skapene)

door: *dør* (n., ei/en)

dormitory: *studenthjem* (n., et; pl. -hjem, -hjemmene)

live in the dorm: *bo på studenthjem*

double room: *dobbeltrom* (n., et; pl. -rom, -rommene)

doughnut: *smultring* (n., en)

down: *nede* (adv.)

down comforter: *dyne* (n., ei/en)

down-to-earth: *jordnær* (adj., jordnært, jordnære)

draw: *tegne* (v., tegnet, har tegnet)

drawer: *skuff* (n., en)

drawing: *tegning* (n., ei/en)

dress: *kjole* (n., en)

dress: *kle* (v., kledde, har kledd)

    dress up (in a costume): *kle seg ut*

    get dressed: *kle på seg*

    get undressed: *kle av seg*

dress boot (winter): *støvlett* (n., en)

dresser: *kommode* (n., en)

dribble (in soccer or basketball): *drible* (v., driblet, har driblet)

drink: *drikkevare* (n., en)

drink: *drikke* (v., drakk, har drukket)

drinking: *drikking* (n., ei/en)

drive: *kjøre* (v., kjørte, har kjørt)

    drive a car: *kjøre bil*

    drive a motorcycle: *kjøre motorsykkel*

    drive a snowmobile: *kjøre snøscooter/snøskuter*

    go downhill skiing: *kjøre slalåm*

    go snowboarding: *kjøre snowboard/snøbrett*

dry: *tørke* (v., tørket, har tørket)

dryer (for clothes): *tørketrommel* (n., en; pl. -tromler, -tromlene)

dry (hair): *føne* (v., fønte, har fønt)

    dry and style hair: *føne håret*

drying closet (for clothes): *tørkeskap* (n., et; pl. -skap, -skapene)

dumb: *dum* (adj., dumt, dumme)

duplex: *tomannsbolig* (n., en)

during: *om; under* (prep.)

    om sommeren: *during the summer*

    om dagen: *during the day*

    under krigen: *during the war*

    under middagen: *during the dinner*

DVD: *DVD* (n., en; pl. DVD-er, DVD-ene)

DVD player: *DVD-spiller* (n., en; pl. spillere, spillerne)

dwelling: *bolig* (n., en)

E

each: *hver* (adj., hvert)

each other: *hverandre* (pron.)

    They help each other. *De hjelper hverandre.*

ear: *øre* (n., et)

earlier: *tidligere* (adv./adj., comparative of "tidlig")

early: *tidlig* (adv./adj., tidlig, tidlige)

early bird: *morgenfugl* (n., en)

earn: *tjene* (v., tjente, har tjent)
  earn money: *tjene penger*
east: *øst*
Easter: *påske* (n., ei/en)
  Easter Eve: *påskeaften*
  Easter Monday: *2. påskedag*
  Easter Sunday: *1. påskedag*
  Happy Easter! *God påske!*
eastern Norway: *Østlandet*
easy: *lett* (adj., lett, lette)
easy chair: *lenestol* (n., en)
easy-going: *grei* (adj., greit, greie)
eat: *spise* (v., spiste, har spist)
eating disorder: *spiseforstyrrelse* (n., en)
eating habit: *matvane* (n., en)
eating place: *spisested* (n., et; pl. -steder, -stedene)
economics: *økonomi* (n., en)
economist: *økonom* (n., en)
editor: *redaktør* (n., en)
education: *utdanning* (n., ei/en)
egg: *egg* (n., et; pl. egg, eggene)
eight: *åtte*
eighteen: *atten*
eighty: *åtti*
either: *heller* (adv.)
  I didn't say anything either. *Jeg sa heller ikke noe.*
elbow: *albue* (n., en)
electrician: *elektriker* (n., en; pl. elektrikere, elektrikerne)
electricity: *elektrisitet* (n., en)
electronic: *elektronisk* (adj., elektronisk, elektroniske)
elementary school: *barneskole* (n., en)
eleven: *elleve*
emergency room: *legevakt* (n., ei/en)
emigrate: *utvandre* (v., utvandret, har utvandret)
employee : *ansatt* (n., pl. ansatte, de ansatte)
employer: *arbeidsgiver* (n., en; pl. -givere, -giverne)
end: *ende* (v., endte, har endt)
  end well: *ende godt*
end: *slutt* (n., en)
  in the end of: *i slutten av*
end: *slutte* (v., sluttet, har sluttet)
endless: *endeløs* (adj., endeløst, endeløse)
energetic: *energisk* (adj., energisk, energiske)
engaging: *engasjerende* (adj., engasjerende, engasjerende)
engineer: *ingeniør* (n., en)
engineering: *ingeniørfag* (n., pl. -fag, -fagene)
England: *England*
English: *engelsk* (adj., engelsk, engelske)
English (language): *engelsk* (n., en)
enjoy: *nyte* (v., nøt, har nytt)
  enjoy a good dinner: *nyte en god middag*
enjoy oneself: *kose seg* (v., koste, har kost / koset, har koset)
enough: *nok* (adv.)
enter into: *inngå* (v., inngikk, har inngått)
  get married: *inngå ekteskap*
  become registered same-sex partners: *inngå partnerskap*
entertainment: *underholdning* (n., ei/en)

entryway: *entré* (n., en)
environment: *miljø* (n., et)
  a good social environment: *et godt sosialt miljø*
equality: *likestilling* (n., ei/en)
equipment: *utstyr* (n., et)
escalator: *rulletrapp* (n., ei/en)
espresso: *espresso* (n., en)
essay: *oppgave* (n., en)
establish: *stifte* (v., stiftet, har stiftet)
  establish a family: *stifte familie*
etcetera (etc.): *og så videre (osv.)*
Ethiopia: *Etiopia*
Europe: *Europa*
evening: *kveld* (n., en)
  during the evening: *om kvelden*
  tonight: *i kveld*
evening meal: *kveldsmat* (n., en)
evening shift: *kveldsskift* (n., et; pl. -skift, -skiftene)
even though: *selv om* (sub. conj.)
  Even though I'm hungry, I don't want to eat. *Selv om jeg er sulten, vil jeg ikke spise.*
every: *hver* (adj., hvert)
everyone: *alle* (pron.)
evil: *ond* (adj., ondt, onde)
exactly: *akkurat* (adv.)
example: *eksempel* (n., et; pl. eksempler, eksemplene)
  for example: *for eksempel (f.eks.)*
exception: *unntak* (n., et; pl. unntak, unntakene)
exchange: *veksle* (v., vekslet, har vekslet)
exchange letters: *brevveksle* (v., brevvekslet, har brevvekslet)
exciting: *spennende* (adj., spennende, spennende)
excuse: *unnskylde* (v., unnskyldte, har unnskyldt)
  Excuse me! *Unnskyld!*
exercise: *mosjon* (n., en)
exercise: *mosjonere* (v., mosjonerte, har mosjonert)
exercise: *øving* (n., ei/en)
exercise room: *trimrom* (n., et; pl. -rom, -rommene)
exhausted: *sliten* (adj., slitent, slitne)
exhausting: *slitsom* (adj., slitsomt, slitsomme)
exist: *finnes* (v., fantes, har funnes)
exotic: *eksotisk* (adj., eksotisk, eksotiske)
expectation: *forventning* (n., ei/en)
expense: *utgift* (n., en)
expensive: *dyr* (adj., dyrt, dyre)
experience : *oppleve* (v., opplevde, har opplevd)
experience : *opplevelse* (n., en)
  a good experience: *en god opplevelse*
expert: *ekspert* (n., en)
export: *eksport* (n., en)
export: *eksportere* (v., eksporterte, har eksportert)
exporter: *eksportør* (n., en)
extend: *rekke* (v., rakte, har rakt)
  raise one's hand: *rekke opp hånda*
extended family: *storfamilie* (n., en)
extremely: *svært* (adv.)
extrovert: *utadvendt* (adj., utadvendt, utadvendte)
eye: *øye* (n., et; pl. øyne, øynene)

DE

face: *ansikt* (n., et)
factory: *fabrikk* (n., en)
    work in a factory: *jobbe på fabrikk*
factory worker: *fabrikkarbeider* (n., en; pl. -arbeidere, -arbeiderne)
faint: *besvime* (v., besvimte, har besvimt)
fall: *dette* (v., datt, har dettet)
fall: *falle* (v., falt, har falt)
    fall for: *falle for*
fall: *høst* (n., en)
    during the fall: *om høsten*
    this fall: *i høst*
familiar: *kjent* (adj., kjent, kjente)
family: *familie* (n., en)
family room (in basement): *kjellerstue* (n., ei/en)
fantastic: *fantastisk* (adj., fantastisk, fantastiske)
far: *langt* (adv.)
farm: *gård* (n., en)
    live on a farm: *bo på en gård*
farmer: *bonde* (n., en; pl. bønder, bøndene)
farmer: *gårdbruker* (n., en; pl. -brukere, -brukerne)
fascinating: *fascinerende* (adj., fascinerende, fascinerende)
fashion clothing store: *motebutikk* (n., en)
fast: *fort* (adv./adj., fort, forte)
fast: *rask* (adj., raskt, raske)
fast food restaurant: *gatekjøkken* (n., et)
fat: *tykk/tjukk* (adj., tykt/tykke, tjukt/tjukke)
father: *far* (n., en; pl. fedre, fedrene)
father-in-law: *svigerfar* (n., en; pl. -fedre, -fedrene)
fatty: *fet* (adj., fett, fette)
favor: *tjeneste* (n., en)
favorite: *favoritt* (adj., favoritt, favoritte)
    favorite film: *favorittfilm*
    favorite book: *favorittbok*
favorite: *yndling* (n., en)
    my favorite book: *yndlingsboka mi*
    my favorite film: *yndlingsfilmen min*
February: *februar*
feel: *føle* (v., følte, har følt)
    feel: *føle seg*
ferry boat: *ferje/ferge* (n., ei/en)
fetch: *hente* (v., hentet, har hentet)
fever: *feber* (n., en)
    run a fever: *ha feber*
few: *få* (adj.)
field (soccer, football): *fotballbane* (n., en)
fifteen: *femten*
fifty: *femti*
fifty-crown bill: *femtilapp* (n., en)
fifty-øre coin: *50-øring* (n., en)
fill: *fylle* (v., fylte, har fylt)
    fill gasoline: *fylle bensin*
film: *film* (n., en)

final: *endelig* (adj., endelig, endelige)
finally: *endelig* (adv.)
find: *finne* (v., fant, har funnet)
fine: *fin* (adj., fint, fine)
finger: *finger* (n., en; pl. fingrer, fingrene)
finished: *ferdig* (adj., ferdig, ferdige)
Finland: *Finland*
Finnish: *finsk* (adj., finsk, finske)
Finnish: *finsk* (n., en)
fire: *bål* (n., et; pl. bål, bålene)
firefighter : *brannkonstabel* (n., en; pl. -konstabler, -konstablene)
fireplace: *peis* (n., en)
    enjoyment by the fire: *peiskos*
fireplace room: *peisestue* (n., ei/en)
first: *først* (adv.)
    I'm going home first. *Jeg skal hjem først.*
first: *første* (ord. num.)
    first grade: *første klasse*
    first place: *første plass*
fish: *fiske* (v., fisket, har fisket)
fish cake: *fiskekake* (n., ei/en)
fisherman: *fisker* (n., en; pl. fiskere, fiskerne)
fishing trip: *fisketur* (n., en)
    go on a fishing trip : *dra på fisketur*
fish pudding: *fiskepudding* (n., en)
fish soufflé: *fiskegrateng* (n., en)
fish soup: *fiskesuppe* (n., ei/en)
fit: *passe* (v., passet, har passet)
fitting room: *prøverom* (n., et; pl. -rom, -rommene)
five: *fem*
five-crown coin: *femmer* (n., en; pl. femmere, femmerne)
five-hundred-crown bill: *femhundrelapp* (n., en)
fix: *mekke* (v., mekket, har mekket)
    work on a car: *mekke bil*
fixed: *fast* (adj., fast, faste)
    a fixed expression: *et fast uttrykk*
fjord: *fjord* (n., en)
    go out on the fjord: *dra utpå fjorden*
flag: *flagg* (n., et; pl. flagg, flaggene)
flat: *flat* (adj., flatt, flate)
flexible: *fleksibel* (adj., fleksibelt, fleksible)
flirt: *sjekke* (v., sjekket, har sjekket)
    flirt with girls/boys: *sjekke jenter/gutter*
flirting: *flørting* (n., ei/en)
flirting techniques: *sjekketriks* (n., et; pl. triks, triksene)
floor: *golv/gulv* (n., et; pl. golv, golvene)
floor (story/level): *etasje* (n., en)
    on the first floor: *i første etasje*
flower: *blomst* (n., en)
    pick flowers: *plukke blomster*
flower bed: *blomsterbed* (n., et; pl. -bed, -bedene)
flower box: *blomsterkasse* (n., ei/en)
flower girl: *brudepike* (n., ei/en)
flower pot: *blomsterpotte* (n., ei/en)
flower shop: *blomsterbutikk* (n., en)
flute: *fløyte* (n., ei/en)
fly: *flue* (n., ei/en)

fly: *fly* (v., fløy, har fløyet)

fog: *tåke* (n., ei/en)

foliage: *løv* (n., et)

folk museum: *folkemuseum* (n., et; museer, -museene)

follow: *følge* (v., fulgte, har fulgt)
    follow along with: *følge med i*

fond of: *glad i* (adj., glad, glade)
    I am fond of you. *Jeg er glad i deg.*

food: *mat* (n., en)

food item: *matvare* (n., en)

foot: *fot* (n., en; pl. føtter, føttene)

for: *for* (adv./conj./prep.)

foreign countries: *utlandet*

forenoon: *formiddag* (n., en)
    during the forenoon: *om formiddagen*
    this forenoon: *i formiddag*

forest: *skog* (n., en)

forget: *glemme* (v., glemte, har glemt)

former: *forrige* (adj., forrige, forrige)

fortress: *festning* (n., ei/en)

fortunately: *heldigvis* (adv.)

forty: *førti*

four: *fire*

fourteen: *fjorten*

France: *Frankrike*

freckle: *fregne* (n., ei/en)

free: *gratis* (adj., gratis, gratis)

freedom: *frihet* (n., ei/en)

free time: *fritid* (n., ei/en)
    during free time: *i fritida*

freezer: *fryseboks* (n., en)

French: *fransk* (adj., fransk, franske)

French bread: *loff* (n., en)

French fries: *pommes frites* (n., pl.)

French (language): *fransk* (n., en)

frequently: *ofte* (adv.)

fresh: *frisk* (adj., friskt, friske)

Friday: *fredag*

fried egg: *speilegg* (n., et; pl. -egg, -eggene)

friend: *venn* (n., en)

friend (female): *venninne* (n., ei/en)

friendly: *koselig* (adj., koselig, koselige)

friendly: *vennlig* (adj., vennlig, vennlige)

fringe benefit: *frynsegode* (n., et)

from: *fra* (prep.)

from here: *herfra* (adv.)

fruit: *frukt* (n., ei/en)

full (of food): *forsynt*
    I am full. *Jeg er forsynt.*

full-time: *heltid* (n., ei/en)
    work full-time *jobbe heltid*

fun: *gøy* (adj., gøy, gøye)
    have fun: ha det gøy
    That was fun. *Det var gøy.*

fun: *gøy* (sub.)

fun: *moro* (adj., moro, moro)
    have fun: *ha det moro*
    That was fun. *Det var moro.*

fun: *moro* (n., ei/en)
    for fun: *for moro skyld*

fun: *morsom* (adj., morsomt, morsomme)
    have fun: *ha det morsomt*
    That was fun. *Det var morsomt.*

funeral: *begravelse* (n., en)
    church funeral: *kirkelig begravelse*
    civil funeral: *borgerlig begravelse*
    go to a funeral: *gå i begravelse*

funny: *morsom* (adj., morsomt, morsomme)
    a funny film: *en morsom film*
    a funny story: *en morsom historie*

furniture (piece of): *møbel* (n., et; pl. møbler, møblene)

furniture store: *møbelforretning* (n., ei/en)

future: *framtid* (n., ei/en)
    in the future: *i framtida*

G

gallery: *galleri* (n., et)

Gambia: *Gambia*

game: *spill* (n., et; pl. spill, spillene)
    play games: *spille spill*

game (in sports): *kamp* (n., en)

garage: *garasje* (n., en)

garden: *hage* (n., en)
    work in the garden: *stelle i hagen*

garden work: *hagearbeid* (n., et)

gasoline: *bensin* (n., en)
    fill gas: *fylle bensin*

gas station: *bensinstasjon* (n., en)

gender: *kjønn* (n., et; pl. kjønn, kjønnene)

gender roles: *kjønnsrolle* (n., ei/en)

generation: *generasjon* (n., en)

gentleman: *herre* (n., en)

German: *tysk* (adj., tysk, tyske)

German (language): *tysk* (n., en)

Germany: *Tyskland*

get: *få* (v., fikk, har fått)
    get a letter: *få et brev*
    get hold of: *få tak i*

get along well: *trives* (v., trivdes, har trives)
    I am getting along well. *Jeg trives godt.*

giant: *jotun* (n., en; pl. jotner, jotnene)
    home of the giants: *Jotunheimen*

gift: *gave* (n., en)

girl: *jente* (n., ei/en)

girlfriend: *kjæreste* (n., en)

give: *gi* (v., gav, har gitt)
    give up: *gi seg*

glacier: *bre* (n., en)
    hike on the glacier: *gå på breen*

glacier hiking: *brevandring* (n., ei/en)

gladly: *gjerne* (adv.)

glass: *glass* (n., et; pl. glass, glassene)

    a glass of milk: *et glass melk*

glasses: *briller* (n., pl.)

    wear glasses: *bruke briller*

glove: *hanske* (n., en)

go: *dra* (v., dro, har dratt)

    go abroad: *dra til utlandet*

    go camping: *dra på campingtur*

    go home: *dra hjem*

    go on a bike ride: *dra på sykkeltur*

    go on a boat trip: *dra på båttur*

    go on a cabin trip: *dra på hyttetur*

    go on a canoe trip: *dra på kanotur*

    go on a car trip: *dra på biltur*

    go on a fishing trip: *dra på fisketur*

    go on a kayak trip: *dra på kajakktur*

    go on vacation: *dra på ferie*

    go sailing: *dra på seiltur*

    go to the university: *dra til universitetet*

    go to work: *dra på jobben*

go: *gå* (v., gikk, har gått)

    attend a lecture: *gå på forelesning*

    go cross-country skiing: *gå langrenn, gå på ski*

    go for a hike: *gå på fottur*

    go for a walk: *gå tur*

    go hunting: *gå på jakt*

    go on a glacier hike: *gå på bretur*

    go on a walk, stroll: *gå på spasertur*

    go skating: *gå på skøyter*

    go to an art exhibition: *gå på kunstutstilling*

    go to a sports event: *gå på idrettsarrangement*

    go to a bar: *gå på bar*

    go to a café: *gå på kafé*

    go to a concert: *gå på konsert*

    go to a meeting: *gå på møte*

    go to a museum: *gå på museum*

    go to a musical: *gå på musikal*

    go to a night club: *gå på nattklubb*

    go to an opera: *gå på opera*

    go to a party: *gå på fest*

    go to a pub: *gå på pub*

    go to a restaurant: *gå på restaurant*

    go to a soccer game: *gå på fotballkamp*

    go to class: *gå til timen*

    go to the ballet: *gå på ballett*

    go to the bank: *gå i banken*

    go to the bookstore: *gå i bokhandelen*

    go to the library: *gå på bibliotek*

    go to the movies: *gå på kino*

    go to the store: *gå i butikken*

    go to the theater: *gå på teater*

goal: *mål* (n., et; pl. mål, målene)

goat: *geit* (n., ei/en)

goat cheese: *geitost* (n., en)

goatee: *fippskjegg* (n., et; pl. -skjegg, -skjeggene)

God: *Gud*

god (Norse mythology): *ås* (n., en; pl. æser, æsene)

god: *gud* (n., en)

goddess: *gudinne* (n., ei/en)

goddess of love: *kjærlighetsgudinne* (n., ei/en)

godparent: *fadder* (n., en; pl. faddere, fadderne)

golf: *golf* (n., en)

golf club: *golfkølle* (n., ei/en)

golf course: *golfbane* (n., en)

good: *bra* (adj., bra, bra)

good: *fin* (adj., fint, fine)

good: *god* (adj., godt, gode)

    Get well soon! *God bedring!*

    Have a good summer! *God sommer!*

    Have a good trip! *God tur!*

    Have a good vacation! *God ferie!*

    Have a good weekend! *God helg!*

    Hello! *God dag!*

    Merry Christmas! *God jul!*

good at: *flink* (adj., flinkt, flinke)

    be good at: *være flink til å*

goodbye: *adjø*

goodbye: *ha det, ha det bra, ha det godt*

goodbye: *morn da*

Good Friday: *langfredag* (n., en)

government: *regjering* (n., ei/en)

grab hold of: *gripe* (v., grep, har grepet)

grain: *korn* (n., et; korn, kornene)

grammar: *grammatikk* (n., en)

grandchild: *barnebarn* (n., et; pl. -barn, -barna)

grandfather: *bestefar* (n., en; pl. -fedre, -fedrene)

grandfather (maternal): *morfar* (n., en; pl. -fedre, -fedrene)

grandfather (paternal): *farfar* (n., en; pl. -fedre, -fedrene)

grandmother: *bestemor* (n., ei/en; pl. -mødre, mødrene)

grandmother (maternal): *mormor* (n., ei/en; pl. -mødre, -mødrene)

grandmother (paternal): *farmor* (n., ei/en; pl. -mødre, -mødrene)

grandparents: *besteforeldre* (n., pl. - foreldre, -foreldrene)

granite: *granitt* (n., en)

granola: *frokostblanding* (n., ei/en)

grape: *drue* (n., ei/en)

grapefruit: *grapefrukt* (n., ei/en)

graphic designer: *grafisk designer* (n., en; pl. designere, designerne)

grass: *gress* (n., et)

    cut the grass: *klippe gresset*

great: *topp* (adj.)

    That is just great! *Det er helt topp!*

great: *flott* (adj., flott, flotte)

great: *utmerket* (adj., utmerket, utmerkede/utmerkete)

great aunt: *grandtante* (n., ei/en)

Great Britain: *Storbritannia*

great uncle: *grandonkel* (n., en; pl. -onkler, -onklene)

green: *grønn* (adj., grønt, grønne)

greet: *hilse* (v., hilste, har hilst)

greeting: *hilsen* (n., en)
   with friendly greetings: *med vennlig hilsen* (closing for a letter)
   best greetings: *beste hilsener* (closing for a letter)
grey: *grå* (adj., grått, grå/gråe)
grey weather: *gråvær* (n., et)
grip: *gripe* (v., grep, har grepet)
grocery store: *matbutikk* (n., en)
grouchy: *gretten* (adj., grettent, gretne)
ground meat (beef): *kjøttdeig* (n., en)
group: *gruppe* (n., ei/en)
group of islands: *skjærgård* (n., en)
grow: *vokse* (v., vokste, har vokst)
   born and raised: *født og oppvokst*
   grow up: *vokse opp*
grown-up: *voksen* (adj., voksent, voksne)
guest: *gjest* (n., en)
guide: *lede* (v., ledet, har ledet)
guitar: *gitar* (n., en)

H

habit: *vane* (n., en)
had to: *måtte* (v., see "have to")
hair: *hår* (n., et; pl. hår, hårene)
   brush hair: *børste håret*
   comb hair: *gre håret*
   curl hair: *krølle håret*
   dry and style hair: *føne håret*
   wash hair: *vaske håret*
hairdresser: *frisør* (n., en)
half: *halv* (adj., halvt, halve)
half-brother: *halvbror* (n., en; pl. -brødre, -brødrene)
half-sister: *halvsøster* (n., ei/en; pl. -søstre, -søstrene)
hallway: *gang* (n., en)
ham: *skinke* (n., ei/en)
hamburger: *hamburger* (n., en; pl. hamburgere, hamburgerne)
hammer: *hammer* (n., en; pl. hammere, hammerne)
hand: *hånd* (n., ei/en; pl. hender, hendene)
handball: *håndball* (n., en)
handsome: *kjekk* (adj., kjekt, kjekke)
happy: *glad* (adj., glad, glade)
   be fond of: *være glad i*
hard: *vanskelig* (adj., vanskelig, vanskelige)
Hardanger embroidery: *hardangersøm* (n., en)
hard liquor: *brennevin* (n., et)
hard roll: *rundstykke* (n., et)
hardware store: *jernvareforretning* (n., ei/en)
hate: *hate* (v., hatet, har hatet)
have: *ha* (v., hadde, har hatt)
have an opinion: *synes* (v., syntes, har synes)
   I think that...: *jeg synes at...*
have an opinion: *mene* (v., mente, har ment)
   I think that...: *jeg mener at...*

have to: *måtte* (v., må, måtte, har måttet)
   I have to work. *Jeg må arbeide.*
   I had to go home. *Jeg måtte dra hjem.*
hay: *høy* (n., et)
head: *hode* (n., et)
head (a soccer ball): *heade* (v., headet, har headet)
head (a soccer ball): *nikke* (v., nikket, har nikket)
head of office department: *kontorsjef* (n., en)
health: *helse* (n., ei/en)
health care: *helsepleie* (n., ei/en)
health care industry: *helsevesen* (n., et)
health club: *helsestudio* (n., et)
health habit: *levevane* (n., en)
healthy: *frisk* (adj., friskt, friske)
healthy: *sunn* (adj., sunt, sunne)
hear: *høre* (v., hørte, har hørt)
heart: *hjerte* (n., et)
heat cables (in heated floors): *varmekabel* (n., en; pl. -kabler, -kablene)
heavy: *fyldig* (adj., fyldig, fyldige)
Hebrew: *hebraisk* (adj., hebraisk, hebraiske)
Hebrew (language): *hebraisk* (n., en)
height: *høyde* (n., en)
hello: *morn, god dag, hallo*
help: *hjelp* (n., ei/en)
   Thanks for the help! *Takk for hjelpen!*
help: *hjelpe* (v., hjalp, har hjulpet)
her: *henne* (pers. pron., obj.)
   I like her. *Jeg liker henne.*
her: *hennes* (poss. pron.)
   I like her car. *Jeg liker bilen hennes.*
her: *sin* (refl. poss. pron., si, sitt, sine)
   Anne helps her son. *Anne hjelper sønnen sin.*
here: *her* (adv.)
here (indicates motion): *hit* (adv.)
   Come here! *Kom hit!*
   Here you are. *Vær så god.*
heritage: *avstamning* (n., ei/en)
hero: *helt* (n., en)
herring: *sild* (n., ei/en)
herself: *seg* (pers. pron., refl.)
   She hurries (herself). *Hun skynder seg.*
hi: *hei*
high: *høy* (adj., høyt, høye)
high-heeled shoes: *høyhælte sko* (n., en; pl. -sko, -skoene)
high school graduating senior: *russ* (n., en)
hike: *fottur* (n., en)
   go on a hike: *gå på fottur*
hiking terrain: *turterreng* (n., et)
him: *ham* (pers. pron., obj.)
   I am writing to him. *Jeg skriver til ham.*
himself: *seg* (pers. pron., refl.)
   He shaves (himself). *Han barberer seg.*
Hindu (language): *hindi* (n., en)
hip: *hofte* (n., ei/en)

his: *hans* (poss. pron.)

   His house is new. *Huset hans er nytt.*

his: *sin* (refl. poss. pron., si, sitt, sine)

   Pål helps his daughter.

   Pål hjelper dattera si.

history: *historie* (n., ei/en)

history of ideas: *idéhistorie* (n., ei/en)

hit: *slå* (v., slo, har slått)

hit: *treffe* (v., traff, har truffet)

   hit a ball: *treffe en ball*

   The snowball hit me in the head. *Snøballen traff meg i hodet.*

hobby: *hobby* (n., en)

hobby room: *hobbyrom* (n., et; pl. -rom, -rommene)

hoist: *heise* (v., heiste, har heist)

hold: *holde* (v., holdt, har holdt)

hold out: *rekke* (v., rakte, har rakt)

   raise one's hand: *rekke opp hånda*

home: *bolig* (n., en)

home: *hjem* (n., et; pl. hjem, hjemmene)

homemade: *hjemmelaget* (adj. hjemmelaget, hjemmelagede/ hjemmelagete)

home office: *arbeidsrom* (n., et; pl. -rom, -rommene)

home of the gods (Norse mythology): *Åsgard* (n., en)

homeroom teacher: *klasseforstander* (n., en; pl. -forstandere, -forstanderne)

homesickness: *hjemlengsel* (n., en; pl. -lengsler, -lengslene)

   be homesick: *lengte hjem*

home town: *hjemsted* (n., et; pl. -steder, -stedene)

home victory (in sports): *hjemmeseier* (n., en; pl. -seirer, -seirene)

homework: *lekse* (n., ei/en)

   do homework: *gjøre lekser, gjøre oppgaver*

honest: *ærlig* (adj., ærlig, ærlige)

honeymoon: *bryllupsreise* (n., ei/en)

hop: *hoppe* (v., hoppet, har hoppet)

   skip: *hoppe over*

hope: *håpe* (v., håpet, har håpet)

hopeless: *håpløs* (adj., håpløst, håpløse)

horrible: *fæl* (adj., fælt, fæle)

horse: *hest* (n., en)

hospital: *sykehus* (n., et; pl. -hus, -husene)

hot dog: *pølse* (n., ei/en)

   hot dog with a bun: *pølse med brød*

   hot dog with a potato tortilla: *pølse med lompe*

hotel: *hotell* (n., et)

   stay in a hotel: *bo på hotell*

hour: *time* (n., en)

house: *hus* (n., et; pl. hus, husene)

house pet: *kjæledyr* (n., et; pl. -dyr, -dyrene)

housework: *husarbeid* (n., et)

do housework: *gjøre husarbeid*

how: *hvordan*

   How are you? *Hvordan har du det?*

how: *hvor...*

   how far: *hvor langt*

   how long: *hvor lenge*

   how many: *hvor mange*

   how much: *hvor mye*

how often: *hvor ofte*

how old: *hvor gammel*

hug: *klem* (n., en)

hug: *klemme* (v., klemte, har klemt)

humanities: *humaniora* (n., pl.)

humble: *beskjeden* (adj., beskjedent, beskjedne)

humid: *fuktig* (adj., fuktig, fuktige)

hundred: *hundre*

hundred-crown bill: *hundrelapp* (n., en)

Hungarian: *Ungarn*

Hungarian (language): *ungarsk* (n., en)

Hungary: *ungarsk* (adj., ungarsk, ungarske)

hungry: *sulten* (adj., sultent, sultne)

hunting: *jakt* (n., ei/en)

   go hunting: *gå på jakt*

hurry: *skynde* (v., skyndte, har skyndt)

   hurry oneself: *skynde seg*

husband: *mann* (n., en; pl. menn, mennene)

I

I: *jeg* (pers. pron., sub.)

   I drink coffee. *Jeg drikker kaffe.*

ice cream: *is* (n., en)

ice hockey: *ishockey* (n., en)

ice hockey hall: *ishockeyhall* (n., en)

Iceland: *Island*

Icelandic: *islandsk* (adj., islandsk, islandske)

Icelandic (language): *islandsk* (n., en)

idea: *idé* (n., en)

   Good idea! *God idé!*

identification: *legitimasjon* (n., en)

if: *hvis* (sub. conj.)

illness: *sykdom* (n., en)

immigrant: *innvandrer* (n., en; pl. innvandrere, innvandrerne)

impatient: *utålmodig* (adj., utålmodig, utålmodige)

important: *viktig* (adj., viktig, viktige)

improve: *forbedre* (v., forbedret, har forbedret)

improvement: *bedring* (n., ei/en)

   Get well soon! *God bedring!*

in: *i* (prep.)

   in april: *i april*

   in Norway: *i Norge*

   in 1960: *i 1960*

in addition: *dessuten; i tillegg* (adv.)

in a good mood: *opplagt* (adj., opplagt, opplagte)

income: *inntekt* (n., ei/en)

increase: *øke* (v., økte, har økt / øket, har øket)

increasing: *økende* (adj., økende, økende)

indefinite: *ubestemt* (adj., ubestemt, ubestemte)

   indefinite form of the noun: *ubestemt form av substantivet*

independent: *selvstendig* (adj., selvstendig, selvstendige)

India: *India*

Indian: *indisk* (adj., indisk, indiske)
industry: *industri* (n., en)
industry: *næring* (n., ei/en)
infection: *betennelse* (n., en)
influence: *innflytelse* (n., en)
influence: *påvirke* (v., påvirket, har påvirket)
influenza: *influensa* (n., en)
inform: *melde* (v., meldte, har meldt)
information science: *informatikk* (n., en)
information technology: *informasjonsteknologi* (n., en)
inhabitant: *innbygger* (n., en; pl. innbyggere, innbyggerne)
initiative: *initiativ* (n., et)
    take the initiative: *ta initiativet*
injure: *skade* (v., skadet, har skadet)
    injure oneself: *skade seg*
injury: *skade* (n., en)
inn: *pensjonat* (n., et)
inside: *inne*
inspire: *inspirere* (v., inspirerte, har inspirert)
    inspired by: *inspirert av*
instruct: *undervise* (v., underviste, har undervist)
    instruct in Norwegian: *undervise i norsk*
instruction: *undervisning* (n., ei/en)
instructions: *instruks* (n., en)
instructor: *lektor* (n., en)
instrument: *instrument* (n., et)
in such a way: *sånn*
insurance: *forsikring* (n., ei/en)
    car insurance: *bilforsikring*
    health insurance: *helseforsikring*
    life insurance: *livsforsikring*
intelligent: *intelligent* (adj., intelligent, intelligente)
interest: *interesse* (n., en)
interested: *interessert* (adj., interessert, interesserte)
    I am interested in... *Jeg er interessert i...*
interesting: *interessant* (adj., interessant, interessante)
    It/That is interesting. *Det er interessant.*
interior design: *interiør design* (n., en)
interior designer: *interiørarktitekt* (n., en)
intermission: *pause* (n., en)
international: *internasjonal* (adj., internasjonalt, internasjonale)
international studies: *internasjonale studier*
interview: *intervju* (n., et)
interview: *intervjue* (v., intervjuet, har intervjuet)
in that case: *da*
introverted: *innadvendt* (adj., innadvendt, innadvendte)
invite: *be* (v., ba/bad, har bedt)
    invite someone to coffee: *be noen på kaffe*
    invite someone to dinner: *be noen på middag*
invite: *invitere* (v., inviterte, har invitert)
Iran: *Iran*
Iraq: *Irak*
is: *er* (v., see "be")
is going to: *skal*
island: *øy* (n., ei/en)
Israel: *Israel*

it: *den* (pers. pron., subj./obj., masc./fem.)
    Jeg kjøpte en ny bil. Jeg liker den.
    I bought a new car. I like it.
it: *det* (pers. pron., subj./obj., neut.)
    Jeg kjøpte et nytt hus. Jeg liker det.
    I bought a new house. I like it.
Italy: *Italia*
Italian: *italiensk* (adj., italiensk, italienske)
Italian (language): *italiensk* (n., en)
itch: *klø* (v., klødde, har klødd)

J

jacket: *jakke* (n., ei/en)
jam: *syltetøy* (n., et)
January: *januar*
Japan: *Japan*
Japanese: *japansk* (adj., japansk, japanske)
Japanese (language): *japansk* (n., en)
Jarlsberg cheese: *jarlsbergost* (n., en
jeans: *dongeribukse* (n., ei/en)
jeans: *olabukse* (n., ei/en)
jeans: *jeans* (n., en)
jean skirt: *dongeriskjørt* (n., et; pl. -skjørt, -skjørtene)
jello: *gelé* (n., en)
    jello with vanilla sauce: *gelé med vaniljesaus*
jewelry store: *gullsmedforretning* (n., ei/en)
job: *jobb* (n., en)
    go to work: *dra på jobben*
job: *stilling* (n., ei/en)
job: *yrke* (n., et)
jog: *jogge* (v., jogget, har jogget)
jogging suit: *joggedress* (n., en)
joint: *felles* (adj., felles, felles)
journalism: *journalistikk* (n., en)
journalist: *journalist* (n., en)
July: *juli*
jump: *hoppe* (v., hoppet, har hoppet)
    jump over / skip: *hoppe over*
June: *juni*
junior high school: *ungdomsskole* (n., en)
just: *bare*

K

kayak: *kajakk* (n., en)
kayaking a river: *elvepadling* (n., ei/en)
kebab: *kebab* (n., en)
keep: *holde* (v., holdt, har holdt)

key: *nøkkel* (n., en; pl. nøkler, nøklene)
khaki pants: *khakibukse* (n., ei/en)
kick: *sparke* (v., sparker, har sparket)

kill: *drepe* (v., drepte, har drept)
kilo: *kilo* (n., en/et; pl. kilo, kiloene)
kind: *snill* (adj., snilt, snille)
king: *konge* (n., en)
    King Harald: *kong Harald*
kingdom: *rike* (n., et)
kiss: *kyss* (n., et; pl. kyss, kyssene)
    Do you remember your first kiss? *Husker du ditt første kyss?*
kiss: *kysse* (v., kysset, har kysset)
kiswahili (language): *kiswahili* (n., en)
kitchen: *kjøkken* (n., et)
kitchen counter: *kjøkkenbenk* (n., en)
knee: *kne* (n., et; pl. knær, knærne)
knit: *strikke* (v., strikket, har strikket)
knitting: *strikking* (n., ei/en)
know: *kjenne* (v., kjente, har kjent)
    I know Erik. *Jeg kjenner Erik.*
know: *kunne* (v., kan, kunne, har kunnet)
    I know Norwegian. *Jeg kan norsk.*
know: *vite* (v., vet, visste, har visst)
    I don't know. *Jeg vet ikke.*
Kringsjå student housing complex: *Kringsjå studentby*
Kurdish: *kurdisk* (adj., kurdisk, kurdiske)
Kurdish (language): *kurdisk* (n., en)

L

lady: *dame* (n., ei/en)
lake: *innsjø* (n., en)
lamb: *lammekjøtt* (n., et)
lamb and cabbage dish: *fårikål* (n., en)
lamb chop: *lammekotelett* (n., en)
lamb fillet: *lammefilet* (n., en)
lamp: *lampe* (n., ei/en)
landscape designer: *landskapsarkitekt* (n., en)
language: *språk* (n., et; pl. språk, språkene)
language lab: *språklab* (sub, en)
language lab: *språklaboratorium* (n., et; pl. -laboratorier, -laboratoriene)
lap: *fang* (n., et; pl. fang, fangene)
    sit on someone's lap: *sitte på fanget*
large: *stor* (adj., stort, store)
large city: *storby* (n., en)
larger: *større* (adj., comparative of "stor")
largest: *størst* (adj., superlative of "stor")
lasagna: *lasagne* (n., en)
last name: *etternavn* (n., et; pl. -navn, -navnene)
late: *sen* (adj., sent, sene)
later: *senere* (adv.)

Latin (language): *latin* (n., en)
laugh: *le* (v., lo, har ledd)
laundry room: *vaskerom* (n., et; pl. -rom, -rommene)
lavender: *lilla* (adj., lilla, lilla)
law: *jus* (n., en)
law: *lov* (n., en)
lawn: *plen* (n., en)
    mow the lawn: *klippe plenen*
lawyer: *advokat* (n., en)
lay: *legge* (v., la, har lagt)
    notice: *legge merke til*
    change: *legge om*
    gain weight: *legge på seg*
    go to bed: *legge seg*
lazy: *lat* (adj., lat, late)
lead: *lede* (v., ledet, har ledet)
leadership: *ledelse* (n., en)
learn: *lære* (v., lærte, har lært)
least: *minst* (adj./adv., superlative of "liten/lite")
leave/go: *dra* (v., dro/drog, har dratt)
    go abroad: *dra til utlandet*
    go camping: *dra på campingtur*
    go home: *dra hjem*
    go on a bike ride: *dra på sykkeltur*
    go on a boat trip: *dra på båttur*
    go on a cabin trip: *dra på hyttetur*
    go on a canoe trip: *dra på kanotur*
    go on a car trip: *dra på biltur*
    go on a fishing trip: *dra på fisketur*
    go on a kayak trip: *dra på kajakktur*
    go on vacation: *dra på ferie*
    go sailing: *dra på seiltur*
    go to the university: *dra til universitetet*
    go to work: *dra på jobben*
leave (from work): *permisjon* (n., en)
leaves: *løv* (n., et)
lecture: *forelesning* (n., ei/en)
    attend a lecture: *gå på forelesning*
lecture hall: *forelesningssal* (n., en)
lecturer: *lektor* (n., en)
left: *venstre*
    to the left: *til venstre*
    to the left of: *til venstre for*
leg: *bein* (n., et; pl. bein, beina)
leisure activity: *fritidsaktivitet* (n., en)
leisure time: *fritid* (n., ei/en)
    during leisure time: *i fritida / på fritida*
lemon: *sitron* (n., en)
less: *mindre* (adj./adv., comparative of "liten/lite")
lesson: *leksjon* (n., en)
let: *la* (v., lot, har latt)
lethargic: *sløv* (adj., sløvt, sløve)
letter: *brev* (n., et; pl. brev, brevene)
    get letters: *få brev*
    write letters: *skrive brev*
level: *trinn* (n., et; pl. trinn, trinnene)
librarian: *bibliotekar* (n., en)

library: *bibliotek* (n., et)
    go to the library: *gå på biblioteket*
lie: *ligge* (v., lå, har ligget)
    lie in the sun: *sole seg* (v., solte, har solt)
lifestyle: *livsstil* (n., en)
light: *lys* (adj., lyst, lyse)
light: *lys* (n., et; pl. lys, lysene)
light: *tenne* (v., tente, har tent)
    light a candle: *tenne stearinlyset*
    turn on the lamp: *tenne lampa*
lightning: *lyn* (n., et; pl. lyn, lynene)
lightning: *lyne* (v., lynte, har lynt)
like: *lik* (adj., likt, like)
    I am like my sister. *Jeg er lik søstera mi.*
like: *like* (v., likte, har likt)
    get along well: *like seg*
    like it: *like seg*
like that: *sånn*
line: *kø* (n., en)
    sit in traffic: *sitte i kø*
    stand in line: *stå i kø*
lingonberry: *tyttebær* (n., et; pl. -bær, -bærene)
linguistics: *lingvistikk* (n., en)
listen: *høre* (v., hørte, har hørt)
listen: *lytte* (v., lyttet, har lyttet)
literature: *litteratur* (n., en)
little: *liten* (adj., lita, lite, små / lille, små)
    a little boy: *en liten gutt*
    a little girl: *ei lita jente*
    a little house: *et lite hus*
    little cars: *små biler*
    the little cat: *den lille katten*
    the little dogs: *de små hundene*
little brother: *lillebror* (n., en; pl. brødre, brødrene)
little sister: *lillesøster* (n., ei/en; søstre, søstrene)
live: *bo* (v., bodde, har bodd)
    live together with: *bo sammen med*
live: *leve* (v., levde, har levd)
    live on: *leve av*
liver paté: *leverpostei* (n., en)
living room: *stue* (n., -ei/en)
loan: *lån* (n., et; pl. lån, lånene)
    take out a loan: *ta opp et lån*
lobster: *hummer* (n., en; pl. hummere, hummerne)
local boat: *lokalbåt* (n., en)
logging industry: *skogbruk* (n., et)
long: *lang* (adj., langt, lange)
long: *lenge* (adv.)
    a long time ago: *for lenge siden*
    Goodbye for now! *Ha det så lenge!*
    how long: *hvor lenge*
long for: *lengte* (v. lengtet, har lengtet)
    long for: *lengte etter*
    long for home, be homesick: *lengte hjem*
look: *kikke* (v., kikket, har kikket)
look: *se...ut* (v., så, har sett)
    look happy: *se glad ut*

look: *titte* (v., tittet, har tittet)
    I'm just looking, thanks. *Jeg bare titter, takk.*
look for: *lete* (v., lette, har lett)
    look for: *lete etter*
look up: *slå opp* (v. slo, har slått)
    look up in the dictionary: *slå opp i ordboka*
lose: *miste* (v., mistet, har mistet)
    lose one's keys: *miste nøklene sine*
lose: *tape* (v., tapte, har tapt)
    lose the game/match: *tape kampen*
lose weight: *slanke* (v., slanket, har slanket)
love: *elske* (v., elsket, har elsket)
    I love you! *Jeg elsker deg!*
love: *kjærlighet* (n., ei/en)
    love at first sight: *kjærlighet ved første blikk*
low: *lav* (adj., lavt, lave)
lucky: *heldig* (adj., heldig, heldige)
lump fish: *steinbit* (n., en)
lunch: *lunsj* (n., en)
lutefisk: *lutefisk* (n., en)

M

mackerel: *makrell* (n., en)
    mackerel in tomato sauce: *makrell i tomat*
maid of honor: *forlover* (n., en; pl. forlovere, forloverne)
mail: *post* (n., en)
mail carrier: *postbud* (n., et; pl. -bud, -budene)
main dish: *hovedrett* (n., en)
make: *lage* (v., laget, har laget)
    cook: *lage mat*
    make a packed lunch: *lage matpakke*
    make a snowman: *lage snømann*
make more rigorous: *skjerpe* (v., skjerpet, har skjerpet)
    get with it: *skjerpe seg*
make things cozy/pleasant: *kose* (v., koste, har kost)
    enjoy oneself: *kose seg*
man: *mann* (n., en; pl. menn, mennene)
manage: *greie* (v., greide, har greid): *to manage*
    Jeg greide det. *I did it.*
manage: *klare* (v., klarte, har klart)
    Jeg klarte å bli ferdig. *I managed to get finished.*
manage: *orke* (v., orket, har orket)
    I can't run anymore. *Jeg orker ikke å løpe mer.*
management: *ledelse* (n., en)
manager: *daglig leder* (n., en)
manager: *direktør* (n., en)
manager: *manager* (n., en; pl. managere, managerne)
man's overcoat: *frakk* (n., en)
many: *mange*
map: *kart* (n., et; pl. kart, kartene)
March: *mars*
march: *marsjere* (v., marsjerte, har marsjert)

margarine: *margarin* (n., en)
marital status: *sivilstand* (n., en)
marketing: *markedsføring* (n., ei/en)
marriage: *ekteskap* (n., et; pl. -skap, -skapene)
married: *gift* (adj., gift, gifte)
married couple: *ektepar* (n., et; pl. -par, -parene)
marry: *gifte seg* (v., giftet, har giftet)
   get married to: *gifte seg med*
marzipan cream cake: *marsipankake* (n., ei/en)
mashed potatoes: *potetstappe* (n., ei/en)
match (in sports): *kamp* (n., en)
maternal grandfather: *morfar* (n., en; pl. -fedre, -fedrene)
maternal grandmother: *mormor* (n., ei/en; pl. -mødre, -mødrene)
maternity leave: *fødselspermisjon* (n., en)
mathematics: *matematikk* (n., en)
Maundy Thursday: *skjærtorsdag* (n., en)
may: *få* (v., fikk, har fått)
   may talk to: *få snakke med*
   may use the phone: *få låne telefonen*
May: *mai*
maybe: *kanskje* (adv.)
mayonnaise: *majones* (n., en)
me: *meg* (pers. pron., obj.)
   She helps me. *Hun hjelper meg.*
meal: *måltid* (n., et)
mean: *bety* (v., betydde, har betydd)
   What does that mean? *Hva betyr det?*
mean: *mene* (v., mente, har ment)
mean: *slem* (adj., slemt, slemme)
mean: *stygg* (adj., stygt, stygge)
meaningful: *meningsfylt* (adj., meningsfylt, meningsfylte)
measles: *meslinger* (n., pl.)
meat: *kjøtt* (n., et)
meatball, meat cake: *kjøttkake* (n., ei/en)
meat patty: *karbonade* (n., en)
medicine: *medisin* (n., en)
medium: *middels* (adj., middels, middels)
   medium tall: *middels høy*
meet each other: *møtes* (v., møttes, har møttes)
   We'll meet each other at the café. *Vi møtes på kafeen.*
meet: *treffe* (v., traff, har truffet)
   meet friends: *treffe venner*
melon: *melon* (n., en)
memorize: *pugge* (v., pugget, har pugget)
message: *beskjed* (n., en)
   legge igjen beskjed: **leave a message**
Mexico: *Mexico*
microwave oven: *mikrobølgeovn* (n., en)
midnight sun: *midnattssol* (n., ei/en)
Midwest (of the U.S.): *midtvesten*
migraine: *migrene* (n., en)
mild: *mild* (adj., mildt, milde)
military: *militær* (n., et)
milk: *melk* (n., ei/en)
milk chocolate: *melkesjokolade* (n., en)
mineral water: *mineralvann* (n., et; pl. -vann, -vannene)

mining: *bergverksdrift* (n., en)
minister: *prest* (n., en)
minute: *minutt* (n., et)
mirror: *speil* (n., et; pl. speil, speilene)
miss: *savne* (v., savnet, har savnet)
   I miss you. *Jeg savner deg.*
mistake: *feil* (n., en; pl. feil, feilene)
   make a mistake: *gjøre en feil*
mitten: *vott* (n., en)
model building: *modellbygging* (n., ei/en)
modern: *moderne* (adj., moderne, moderne)
modest: *beskjeden* (adj., beskjedent, beskjedne)
moment: *øyeblikk* (n., et; pl. -blikk, -blikkene)
Monday: *mandag*
money: *penge* (n., en)
   have money: *ha penger*
   save money: *spare penger*
   spend money: *bruke penger*
month: *måned* (n., en)
monthly transportation pass: *månedskort* (n., et; pl. -kort, -kortene)
monument: *monument* (n., et)
mood: *humør* (n., et)
   in a bad mood: *i dårlig humør*
   in a good mood: *i godt humør*
moped: *moped* (n., en)
   drive a moped: *kjøre moped*
more: *flere* (adj., comparative of "mange")
more: *mer* (adj./adv., comparative of "mye")
morning: *morgen* (n., en)
   during the morning: *om morgenen*
   this morning: *i morges / i dag tidlig*
Morocco: *Marokko*
most: *mest* (adj./adv., superlative of "mye")
most: *flest* (adj., superlative of "mange")
most people: *de fleste*
mother: *mor* (n., ei/en; pl. mødre, mødrene)
mother-in-law: *svigermor* (n., ei/en; pl. -mødre, -mødrene)
mother tongue: *morsmål* (n., et; pl. -mål, -målene)
motorboat: *motorbåt* (n., en)
motorcycle: *motorsykkel* (n., en; pl. -sykler, -syklene)
   drive a motorcycle: *kjøre motorsykkel*
motorhome: *bobil* (n., en)
mountain: *fjell* (n., et; pl. fjell, fjellene)
   go to the mountains: *reise på fjellet*
   hike in the mountains: *gå i fjellet*
mountain cabin: *fjellhytte* (n., ei/en)
mountain hotel: *fjellstue* (n., ei/en)
mountain plateau: *vidde* (n., ei/en)
mouth: *munn* (n., en)
move: *bevege* (v., beveget, har beveget / bevegde, har bevegd)
move: *flytte* (v., flyttet, har flyttet)
movie theater: *kino* (n., en)
   go to the movies: *gå på kino*
moving walkway: *rullefortau* (n., et)
MP3 player: *MP3-spiller* (n., en; pl. -spillere, -spillerne)
much: *mye* (adj./adv.)
multi-generational family: *storfamilie* (n., en)

mumps: *kusma* (n., en)
municipality: *kommune* (n., en)
museum: *museum* (n., et; pl. museer, museene)
    go to a museum: *gå på museum*
mushroom: *sjampinjong* (n., en)
mushroom: *sopp* (n., en)
    pick mushrooms: *plukke sopp*
music: *musikk* (n., en)
music building: *musikkbygning* (n., ei/en)
musician: *musiker* (n., en; pl. musikere, musikerne)
music store: *musikkforretning* (n., ei/en)
mussel: *blåskjell* (n., et; pl. -skjell, -skjellene)
must: *må* (v., see "have to")
    I must sleep now. *Jeg må sove nå.*
mustache: *bart* (n., en)
mustard: *sennep* (n., en)
mutual: *gjensidig* (adj., gjensidig, gjensidige)
my: *min* (poss. pron., mi, mitt, mine)
    Do you like my car? *Liker du bilen min?*
myself: *meg* (pers. pron., refl.)
    I shave (myself). *Jeg barberer meg.*

N

nag: *mase* (v., maste, har mast)
    nag someone: *mase på noen*
name: *navn* (n., et; pl. navn, navnene)
    My name is... *Mitt navn er...*
national costume: *bunad* (n., en)
national day: *nasjonaldag* (n., en)
nationality: *nasjonalitet* (n., en)
national song: *nasjonalsang* (n., en)
natural gas extraction: *gassutvinning* (n., ei/en)
natural science: *naturfag* (n., et; pl. -fag, -fagene)
nature: *natur* (n., en)
nauseated: *kvalm* (adj., kvalmt, kvalme)
near: *nær* (adv./adj., nært, nære)
nearness: *nærhet* (n., en)
neck: *nakke* (n., en)
need: *trenge* (v., trengte, har trengt)
negative: *negativ* (adj., negativt, negative)
neighbor: *nabo* (n., en)
neither: *heller* (adv.)
    Me neither! *Ikke jeg heller!*
neither: *verken* (conj.)
    neither...nor: *verken...eller*
nephew: *nevø* (n., en)
nervous: *nervøs* (adj., nervøst, nervøse)
never: *aldri* (adv.)
nevertheless: *likevel* (adv.)
new: *ny* (adj., nytt, nye)
news: *nyhet* (n., n., en)
    culture and arts news: *kultur*

domestic news: *innenriks*
economics news: *økonomi*
sports news: *sport*
technology news: *teknologi*
world news: *utenriks*
newspaper: *avis* (n., ei/en)
    local newspapers: *lokale aviser*
    read the paper: *lese avisa*
    regional newspapers: *regionsaviser*
    tabloid newspapers: *tabloidaviser*
newspaper carrier: *avisbud* (n., et; pl. -bud, -budene)
newsstand: *kiosk* (n., en)
New Year: *nyttår* (n., et)
    Happy New Year! *Godt nyttår!*
    New Year's Eve: *nyttårsaften*
    New Year's Day: *1. nyttårsdag*
nice: *hyggelig* (adj., hyggelig, hyggelige)
    nice people: *hyggelige mennesker*
nice: *kjekk* (adj., kjekt, kjekke)
nice: *snill* (adj., snilt, snille)
    a nice/kind man: *en snill mann*
    be nice/kind to: *være snill mot*
nice: *fin* (adj., fint, fine)
    nice weather: *fint vær*
    a nice car: *en fin bil*
nice: *pen* (adj., pent, pene)
    nice weather: *pent vær*
    a nice dress: *en pen kjole*
niece: *niese* (n., ei/en)
night: *natt* (n., ei/en; pl. netter, nettene)
    all night: *hele natta*
    during the night: *om natta*
night owl: *nattmenneske* (n., et)
night shift: *nattskift* (n., et; pl. -skift, -skiftene)
nine: *ni*
nineteen: *nitten*
ninety: *nitti*
no: *ingen*
no: *nei*
nod: *nikke* (v., nikket, har nikket)
noise: *bråk* (n., et)
    make noise: *lage bråk*
no one: *ingen*
Nordic: *nordisk* (adj., nordisk, nordiske)
Nordic countries (Norway, Sweden, Denmark, Finland, Iceland, Faroe Islands, and Greenland): *Norden*
normal: *vanlig* (adj., vanlig, vanlige)
north: *nord*
North America: *Nord-Amerika*
Northern Norway: *Nord-Norge*
Norway: *Norge*
Norwegian: *norsk* (adj., norsk, norske)
Norwegian cardigan: *lusekofte* (n., ei/en)
Norwegian class hour: *norsktime* (n., en)
Norwegian course: *norskkurs* (sub. et; pl. -kurs, -kursene)
    attend a Norwegian course: *gå på norskkurs*
Norwegian (language): *norsk* (n., en)

Norwegian (person): *nordmann* (n., en; pl. -menn, -mennene)
Norwegian State Church: *Den norske kirke* (n., en)
Norwegian state liquor store: *vinmonopol* (n., et)
Norwegian teacher: *norsklærer* (sub. en; pl. -lærere, -lærerne)
nose: *nese* (n., ei/en)
    The nose is running. *Nesa renner.*
not: *ikke* (adv.)
notice: *merke* (n., et)
    to notice: *legge merke til*
noun: *substantiv* (n., et)
novel: *roman* (n., en)
November: *november*
now: *nå* (adv.)
nuclear family: *kjernefamilie* (n., en)
number: *tall* (n., et; pl. tall, tallene)
nurse: *sykepleier* (n., en; pl. -pleiere, -pleierne)
nursing: *sykepleie* (n., ei/en)
nursing assistant: *hjelpepleier* (n., en; pl. -pleiere, -pleierne)

O

oatmeal: *havregrøt* (n., en)
object: *gjenstand* (n., en)
occasion: *anledning* (n., ei/en)
    on special occasions: *ved spesielle anledninger*
occasion: *gang* (n., en)
    three times a week: *tre ganger i uka*
ocean: *hav* (n., et; pl. hav, havene)
ocean: *sjø* (n., en)
October: *oktober*
of: *av* (adv./prep.)
of course: *selvfølgelig* (adv.)
office: *kontor* (n., et)
    work in an office: *arbeide på kontor*
often: *ofte* (adv.)
oil: *olje* (n., ei/en)
oil extraction: *oljeutvinning* (n., ei/en)
okay: *grei* (adj., greit, greie)
    That's okay. *Det er greit.*
okay (slightly negative): *sånn passe*
    How are you? Okay.
    Hvordan har du det? Sånn passe.
old: *gammel* (adj., gammelt, gamle)
    How old are you? *Hvor gammel er du?*
older: *eldre* (adj., comparative of "gammel")
oldest: *eldst* (adj., superlative of "gammel")
old-fashioned: *gammeldags* (adj., gammeldags, gammeldagse)
omelet: *omelett* (n., en)
on: *på* (prep.)
    on Saturday: *på lørdag*
    on the table: *på bordet*
one: *man, en* (pron.)
one-crown coin: *kronestykke* (n., et)

oneself: *seg* (refl. pron.)
onion: *løk* (n., en)
only: *bare* (adv.)
on the other hand: *derimot*
open: *åpen* (adj., åpent, åpne)
    be open: *holde åpent*
open-faced sandwich: *smørbrød* (n., et; pl. -brød, -brødene)
open (the book): *slå opp boka* (v., slo, har slått)
operation: *operasjon* (n., en)
opposite: *motsatt* (adj., motsatt, motsatte)
    the opposite: *det motsatte*
optimistic: *optimistisk* (adj., optimistisk, optimistiske)
or: *eller* (conj.)
oral: *muntlig* (adj., muntlig, muntlige)
orange: *appelsin* (n., en)
orange juice: *appelsinjuice* (n., en)
orchestra: *orkester* (n., et; pl. orkestre, orkestrene)
    play in an orchestra: *spille i orkester*
order: *bestille* (v., bestilte, har bestilt)
ordinal number: *ordenstall* (n., et; pl. -tall, -tallene)
other, second: *annen* (adj., anna, annet, andre)
otherwise: *ellers* (adv.)
ought to: *burde* (v., bør, burde, har burdet)
    I ought to work less. *Jeg bør arbeide mindre.*
    I ought to train more. *Jeg burde trene mer.*
our: *vår* (poss. pron., vår, vårt, våre)
    Our son is named Pål. *Sønnen vår heter Pål.*
ourselves: *oss* (pers. pron., refl.)
    We must hurry (ourselves). *Vi må skynde oss.*
out: *ute* (adv.)
outdoor life: *friluftsliv* (n., et)
    participate in outdoor life: *drive med friluftsliv*
outdoor market: *torg* (n., et; pl. torg, torgene)
outhouse: *utedo* (n., en/et)
outside: *ute* (adv.)
ouside of: *utenfor* (adv./prep.)
overcast: *overskyet* (adj., overskyet, overskyede/overskyete)
oversleep: *forsove* (v., forsov, har forsovet)
overtime: *overtid* (n., ei/en)
overweight: *overvektig* (adj., overvektig, overvektige)
own: *egen* (adj., eget, egne)
    have one's own car: *ha egen bil*
    have one's own house: *ha eget hus*
    have one's own money: *ha egne penger*
own: *eie* (v., eide, har eid)
owner: *eier* (n., en; pl. eiere, eierne)

P

packed lunch: *matpakke* (n., ei/en)
page: *side* (n., ei/en)
painful: *vond* (adj., vondt, vonde)
    have pain in: *ha vondt i*

paint: *male* (v., malte, har malt)
paint: *maling* (n., ei/en)
painter: *maler* (n., en; pl. malere, malerne)
pair: *par* (n., et; pl. par, parene)
    a pair of pants: *et par bukser*
    a pair of shoes: *et par sko*
    a pair of socks: *et par sokker*
Pakistan: *Pakistan*
Pakistani: *pakistansk* (adj., pakistansk, pakistanske)
palace: *slott* (n., et; pl. slott, slottene)
pancake: *pannekake* (n., ei/en)
panties: *truse* (n., ei/en)
pants: *bukse* (n., ei/en)
panty hose: *strømpebukse* (n., ei/en)
paper: *papir* (n., et)
paper (piece of): *ark* (n., et; pl. ark, arkene)
parent: *forelder* (n., en; pl. foreldre, foreldrene)
parents-in-law: *svigerforeldre* (n., pl.)
park: *park* (n., en)
park: *parkere* (v., parkerte, har parkert)
parka: *anorakk* (n., en)
parking: *parkering* (n., ei/en)
parliament: *Stortinget*
parliament for the Sami people: *Sametinget*
participate: *delta* (v., deltok, har deltatt)
participate, do: *drive* (v., drev, har drevet)
    participate in outdoor life: *drive med friluftsliv*
    participate in sports: *drive med idrett*
    participate in track: *drive med friidrett*
part-time: *deltid* (n., ei/en)
    Jeg jobber deltid. *I work part-time.*
party: *fest* (n., en)
    go to a party: *gå på fest*
pass: *bestå* (v., besto/bestod, har bestått)
    pass an exam: *bestå en eksamen*
pass (in soccer): *slå pasninger* (v., slo, har slått)
pasta salad: *pastasalat* (n., en)
pastor: *prest* (n., en)
patchwork quilt: *lappeteppe* (n., et)
paternity leave: *pappapermisjon* (n., en)
path: *sti* (n., en)
patient: *tålmodig* (adj., tålmodig, tålmodige)
pause: *pause* (n., en)
pay: *betale* (v., betalte, har betalt)
    I will pay (for the meal, movie, etc.)! *Jeg betaler!*
    pay the bills: *betale regningene*
    The job is poorly paid. *Jobben er dårlig betalt.*
    The job is well paid. *Jobben er godt betalt.*
pea: *ert* (n., ei/en)
peaceful: *rolig* (adj., rolig, rolige)
    quiet and peaceful: *stille og rolig*
peach: *fersken* (n., en)
peanut butter: *peanøttsmør* (n., et)
pear: *pære* (n., ei/en)
pedagogy: *pedagogikk* (n., en)
peek, look: *kikke* (v., kikket, har kikket)

peek, look: *titte* (v., tittet, har tittet)
    I am just looking, thanks. *Jeg bare titter, takk.*
pen: *penn* (n., en)
pencil: *blyant* (n., en)
pencil case: *pennal* (n., et)
pen pal: *brevvenn* (n., en)
pension: *pensjon* (n., en)
people: *folk* (n., et; pl. folk, folkene)
performance: *forestilling* (n., ei/en)
perhaps: *kanskje* (adv.)
permanent: *fast* (adj., fast, faste)
    a permanent job: *en fast jobb*
permission: *lov* (n., en)
    get permission to: *få lov til å*
    not have permission: *ha ikke lov*
Persian: *persisk* (adj., persisk, persiske)
Persian (language): *persisk* (n., en)
person: *menneske* (n., et)
personality: *personlighet* (n., ei/en)
person from Eastern Norway: *østlending* (n., en)
person from Northern Norway: *nordlending* (n., en)
person from Southern Norway: *sørlending* (n., en)
person from Trøndelag: *trønder* (n., en; pl. trøndere, trønderne)
person from Western Norway: *vestlending* (n., en)
pertain: *gjelde* (v., gjaldt, har gjeldt)
    What is it about? *Hva gjelder det?*
pharmacy: *apotek* (n., et)
philosophy: *filosofi* (n., en)
photograph: *fotografere* (v., fotograferte, har fotografert)
photographer: *fotograf* (n., en)
photography: *fotografering* (n., ei/en)
physical therapist: *fysioterapeut* (n., en)
physics: *fysikk* (n., en)
piano: *piano* (n., et)
pick: *plukke* (v., plukket, har plukket)
    pick berries: *plukke bær*
    pick flowers: *plukke blomster*
    pick mushrooms: *plukke sopp*
pick up: *hente* (v., hentet, har hentet)
pick-up techniques: *sjekketriks* (n., et; pl. triks, triksene)
picnic: *piknik* (n., en)
    go on a picnic: *dra på piknik*
picture: *bilde* (n., et)
    take pictures: *ta bilder*
pie: *pai* (n., en)
pig: *gris* (n., en)
    lucky dog: *heldiggris*
pilot: *flyger* (n., en; pl. flygere, flygerne)
pineapple: *ananas* (n., en)
pine (tree): *furu* (n., ei/en)
pink: *rosa* (adj., rosa, rosa)
pizza: *pizza* (n., en)
place: *legge* (v., la, har lagt)
    change: *legge om*
    gain weight: *legge på seg*
    go to bed: *legge seg*

place: *plass* (n., en)
place: *sette* (v., satte, har satt)
place: *stille* (v., stilte, har stilt)
  set the alarm clock: *stille vekkerklokka*
plan: *planlegge* (v., planla, har planlagt)
plant: *plante* (v., plantet, har plantet)
  plant flowers: *plante blomster*
play: *leke* (v., lekte, har lekt)
play: *skuespill* (n., et; pl. -spill, -spillene)
play: *spille* (v., spilte, har spilt)
  It doesn't matter. *Det spiller ingen rolle.*
  play accordian: *spille trekkspill*
  play American football: *spille amerikansk fotball*
  play basketball: *spille basketball*
  play board games: *spille brettspill*
  play cards: *spille kort*
  play clarinet: *spille klarinett*
  play computer games: *spille dataspill*
  play flute: *spille fløyte*
  play games: *spille spill*
  play golf: *spille golf*
  play guitar: *spille gitar*
  play handball: *spille håndball*
  play Hardanger fiddle: *spille hardingfele*
  play in a pop/rock band: *spille i band*
  play in band: *spille i korps*
  play in orchestra: *spille i orkester*
  play piano: *spille piano*
  play saxophone: *spille saksofon*
  play soccer: *spille fotball*
  play tennis: *spille tennis*
  play trumpet: *spille trompet*
  play video games: *spille TV-spill*
  play violin: *spille fiolin*
  play volleyball: *spille volleyball*
pleasant: *hyggelig* (adj., hyggelig, hyggelige)
pleasant: *trivelig* (adj., trivelig, trivelige)
please: *være så snill; er du snill; takk*
  A beer, please. *En øl, takk.*
  Can you please help me? *Kan du være så snill å hjelpe meg?*
  Please call my mother. *Ring til mora mi, er du snill.*
  Please come and eat (when calling to the table):
    Vær så god
plum: *plomme* (n., ei/en)
plumber: *rørlegger* (n., en; pl. rørleggere, rørleggerne)
plump: *fyldig* (adj., fyldig, fyldige)
plus: *pluss* (adv.)
  two plus two is four: *to pluss to er fire*
pocketbook: *lommebok* (n., ei/en; pl. -bøker, bøkene)
poet: *dikter* (n., en; pl. diktere, dikterne)
point: *peke* (v., pekte, har pekt)
Poland: *Polen*
police officer: *politibetjent* (n., en)
polish: *polere* (v., polerte, har polert)
polish: *pusse* (v., pusset, har pusset)
  fix up: *pusse opp*
  renovate: *pusse opp*

Polish: *polsk* (adj., polsk, polske)
Polish (language): *polsk* (n., en)
political: *politisk* (adj., politisk, politiske)
political science: *statsvitenskap* (n., en)
politician: *politiker* (n., en; pl. politikere, politikerne)
politics: *politikk* (n., en)
poll: *rundspørring* (n., ei/en)
pollack (fish): *sei* (n., en)
pollution: *forurensning* (n., en)
ponytail: *hestehale* (n., en)
poor: *stakkars* (adj.)
  Poor you! *Stakkars deg!*
pop: *brus* (n., en; pl. brus, brusene)
porch: *veranda* (n., en)
pork: *svinekjøtt* (n., et)
pork chop: *svinekotelett* (n., en)
pork patty: *medisterkake* (n., ei/en)
pork steak: *svinefilet* (n., en)
portray: *skildre* (v., skildret, har skildret)
position: *stilling* (n., ei/en)
positive: *positiv* (adj., positivt, positive)
possessive pronoun: *eiendomspronomen* (n., et)
possibility: *mulighet* (n., ei/en)
possible: *mulig* (adj., mulig, mulige)
postcard collection: *postkortsamling* (n., ei/en)
poster: *plakat* (n., en)
post office: *postkontor* (n., et)
postpone: *utsette* (v., utsatte, har utsatt)
potato: *potet* (n., ei/en)
potato chip: *potetgull* (n., et, -gull, -gullene)
potato dumpling: *kumle* (n., ei/en)
potato soufflé: *potetgrateng* (n., en)
potato tortilla: *lompe* (n., ei/en)
potato tortilla or flatbread: *lefse* (n., ei/en)
pottery: *keramikk* (n., en)
practical: *praktisk* (adj., praktisk, praktiske)
practice: *øve* (v., øvde, har øvd)
practice: *trene* (v., trente, har trent)
pray: *be* (v., ba/bad, har bedt)
  pray to God: *be til Gud*
prefer: *foretrekke* (v., foretrakk, har foretrukket)
preferable: *helst*
prepare: *forberede* (v., forberedte, har forberedt)
  prepare oneself: *forberede seg*
present: *presang* (n., en)
president (of a country): *president* (n., en)
president (of a school): *rektor* (n., en)
pressure to buy things: *kjøpepress* (n., et)
prestige: *prestisje* (n., en)
pretty: *pen* (adj., pent, pene)
previous: *forrige* (adj., forrige, forrige)
price: *pris* (n., en)
primary industry: *primærnæring* (n., ei/en)
primitive: *primitiv* (adj., primitivt, primitive)
principal: *rektor* (n., en)
problem: *problem* (n., et)
  have a problem: *ha et problem*

profession: *yrke* (n., et)
professional studies: *profesjonsstudier*
professor: *professor* (n., en)
project/business partner: *partner* (n., en; pl. partnere, partnerne)
promise: *love* (v., lovet, har lovet / lovte, har lovt / lovde, har lovd)
pronoun: *pronomen* (n., et)
protect: *beskytte* (v., beskyttet, har beskyttet)
province: *provins* (n., en)
psychiatrist: *psykiater* (n., en; pl. psykiatere, psykiaterne)
psychologist: *psykolog* (n., en)
psychology: *psykologi* (n., en)
public: *offentlig* (adj., offentlig, offentlige)
pudding: *pudding* (n., en)
purchase: *innkjøp* (n., et; pl. innkjøp, innkjøpene)
    go shopping: *gjøre innkjøp, shoppe*
purpose: *mål* (n., et; pl. mål, målene)
purse: *veske* (n., ei/en)
pursue (a hobby): *dyrke en hobby* (v., dyrket, har dyrket)
put off: *utsette* (v., utsatte, har utsatt)
put on makeup: *sminke seg* (v., sminket, har sminket)

Q

question: *spørsmål* (n., et; pl. spørsmål, spørsmålene)
    ask questions: *stille spørsmål*
quick: *rask* (adj., raskt, raske)
quick trip: *snartur* (n., en)
quiet: *stille* (adj., stille, stille)
quit: *slutte* (v., sluttet, har sluttet)
quite: *ganske* (adv.)

R

raft: *rafte* (v., raftet, har raftet)
railway station: *jernbanestasjon* (n., en)
rain: *regn* (n., et)
rain: *regne* (v., regnet, har regnet)
rainbow: *regnbue* (n., en)
rain jacket: *regnjakke* (n., ei/en)
rain wear: *regntøy* (n., et)
raise: *dyrke* (v., dyrket, har dyrket)
    grow corn: *dyrke mais*
raise: *heise* (v., heiste, har heist)
    raise the flag: *heise flagget*
raised: *oppvokst*
    born and raised: *født og oppvokst*
rake: *rake* (v., rakte, har rakt)
    rake leaves: *rake løv*
rash: *utslett* (n., et)

raspberry: *bringebær* (n., et; pl. -bær, -bærene)
rather: *heller* (adv.)
    I would rather stay at home. *Jeg vil heller bli hjemme.*
read: *lese* (v., leste, har lest)
    read a book: *lese ei bok*
    read the paper: *lese avisa*
reading hall: *lesesal* (n., en)
ready: *klar* (adj., klart, klare)
    Are you ready? *Er du klar?*
    Ready, set, go. *Klar, ferdig, gå.*
real: *egentlig* (adj., egentlig, egentlige)
real estate agent: *eiendomsmegler* (n., en; pl. -meglere, -meglerne)
really: *egentlig* (adv.)
reason: *grunn* (n., en)
reason: *årsak* (n., en)
    Don't mention it. *Ingen årsak.*
reasonable: *fornuftig* (adj., fornuftig, fornuftige)
reasonable: *rimelig* (adj., rimelig, rimelige)
receive: *få* (v., fikk, har fått)
red: *rød* (adj., rødt, røde)
refrigerator: *kjøleskap* (n., et; pl. -skap, -skapene)
region (of Norway): *landsdel* (n., en)
region (rural area): *distrikt* (n., et)
regional policy: *distriktspolitikk* (n., et)
reindeer steak: *reinsdyrfilet* (n., en)
relationship: *forhold* (n., et; pl. forhold, forholdene)
relationship: *sammenheng* (n., en)
relationship type: *samlivsform* (n., en)
relative: *slektning* (n., ei/en)
relax: *slappe av* (v., slappet, har slappet)
relaxed: *avslappet* (adj., avslappet, avslappete/avslappede)
religion: *religion* (n., en)
remember: *huske* (v., husket, har husket)
remind: *minne* (v., minte, har mint / minnet, har minnet)
    remind me that...: *minn meg på at...*
    He reminds me of my brother.
    Han minner meg om broren min.
rent: *leie* (v., leide, har leid)
rented room: *hybel* (n., en; pl. hybler, hyblene)
    live in a rented room: *bo på hybel*
repair: *mekke* (v., mekket, har mekket)
    repair, work on a car: *mekke bil*
report: *melde* (v., meldte, har meldt)
research: *forskning* (n., ei/en)
researcher: *forsker* (n., en; pl. forskere, forskerne)
resemble: *ligne på* (v., lignet, har lignet)
reserved seat ticket: *plassbillett* (n., en)
residence: *bosted* (n., et; pl. -steder, stedene)
responsibility: *ansvar* (n., et)
    have a lot of responsibility: *ha mye ansvar*
    take responsibility for: *ta ansvar for*
restaurant: *restaurant* (n., en)
    go to a restaurant: *gå på restaurant*
restaurant check: *regning* (n., ei/en)
restaurant manager: *restaurantsjef* (n., en)
retiree: *pensjonist* (n., en)
revenge: *hevn* (n., en)

revision: *revisjon* (n., en)
rice: *ris* (n., en)
rice cream: *riskrem* (n., en)
   rice cream with red sauce: *riskrem med rødsaus*
ride (horses): *ri* (v., red/rei, har ridd)
right: *høyre* (adj., riktig, riktige)
   to the right: *til høyre*
   to the right of: *til høyre for*
right: *rett* (adj., rett, rette)
   the one for me / the right one: *den rette*
   You are right. *Du har rett.*
right: *riktig* (adj., riktig, riktige)
ring: *ring* (n., en)
ring: *ringe* (v., ringte, har ringt)
ring bearer: *brudesvenn* (n., en)
ringing sound: *pling* (n., et; pl. pling, plingene)
   It said "ding-ding" right away. *Det sa "pling" med en gang.*
river: *elv* (n., ei/en)
road: *vei* (n., en)
rock carving (prehistoric): *helleristning* (n., ei/en)
rocking chair: *gyngestol* (n., en)
role: *rolle* (n., en)
   It doesn't matter. *Det spiller ingen rolle.*
room: *plass* (n., en)
   plenty of room, space: *god plass*
   little room, space: *dårlig plass*
room: *rom* (n., et; pl. rom, rommene)
roommate: *romkamerat* (n., en)
rose painting: *rosemaling* (n., ei/en)
rosette: *rosett* (n., en)
rotation: *turnus* (n., en)
round: *rund* (adj., rundt, runde)
row house: *rekkehus* (n., et; pl. -hus, -husene)
rubber boot: *gummistøvel* (n., en; pl. -støvler, -støvlene)
rug: *teppe* (n., et)
run: *løpe* (v., løp, har løpt)
run (of liquids): *renne* (v., rant, har rent)
   The nose is running. *Nesa renner.*
Russia: *Russland*
Russian: *russisk* (adj., russisk, russiske)
Russian (language): *russisk* (n., en)
RV: *bobil* (n., en)
rye krisp: *knekkebrød* (n., et; pl. -brød, -brødene)

S

sad: *lei* (adj., leit, leie)
   be sad: *være lei seg*
safe: *sikker* (adj., sikkert, sikre)
safety: *trygghet* (n., ei/en)
sail: *seile* (v., seilte, har seilt)
sailboat: *seilbåt* (n., en)

sailing trip: *seiltur* (n., en)
   go sailing: *dra på seiltur*
salary: *lønn* (n., ei/en)
sales manager: *salgssjef* (n., en)
salesperson: *selger* (n., en; pl. selgere, selgerne)
salmon: *laks* (n., en)
   smoked salmon: *røkt laks*
same-sex partner: *partner* (n., en; pl. partnere, partnerne)
same-sex registered partnership: *partnerskap* (n., et; pl. -skap, -skapene)
Sami: *samisk* (adj., samisk, samiske)
Sami (language): *samisk* (n., en)
Sami person: *same* (n., en)
Sami tent: *lavvo* (n., en)
sandwich: *smørbrød* (n., et; pl. -brød, -brødene)
sandwich topping/spread: *pålegg* (n., et; pl. pålegg, -påleggene)
sardine: *sardin* (n., en)
satellite city: *drabantby* (n., en)
satisfied: *fornøyd* (adj., fornøyd, fornøyde)
satisfied (with food): *forsynt* (adj., forsynt, forsynte)
Saturday: *lørdag*
Saudi Arabia: *Saudi Arabia*
sauna: *badstue* (n., ei/en)
save: *spare* (v., sparte, har spart)
   save money: *spare penger*
say: *si* (v., sier, sa, har sagt)
   Can you say that again? *Kan du si det en gang til?*
   What did you say? *Hva sa du?*
scar: *arr* (n., et; pl. arr, arrene)
scarf: *skjerf* (n., et; pl. skjerf, skjerfene)
school: *skole* (n., en)
   attend school: *gå på skole*
school subject area: *fag* (n., et; pl. fag, fagene)
scoop (of ice cream): *kule* (n., ei/en)
score: *score* (v., scoret, har scoret)
scrambled eggs: *eggerøre* (n., ei/en)
scuba dive: *dykke* (v., dykket, har dykket)
sculptor: *billedhugger* (n., en; pl. -huggere, -huggerne)
sculpture: *skulptur* (n., en)
sculpture park: *skulpturpark* (n., en)
sea: *sjø* (n., en)
season: *årstid* (n., ei/en)
secretary: *sekretær* (n., en)
security checkpoint: *sikkerhetssjekk* (n., en)
see: *se* (v., så, har sett)
   watch TV: *se på TV*
see each other: *ses* (v., sås, har ses)
   We'll see each other tonight. *Vi ses i kveld.*
seem: *virke* (v., virket, har virket)
seldom: *sjelden* (adj., sjeldent, sjeldne)
selection: *utvalg* (n., et)
send: *sende* (v., sendte, har sendt)
sensible: *fornuftig* (adj., fornuftig, fornuftige)
sentence: *setning* (n., ei/en)
September: *september*
Serbian: *serbisk* (adj., serbisk, serbiske)
Serbian (language): *serbisk* (n., en)

Serbo-Croatian: *serbokroatisk* (adj., serbokroatisk, serbokroatiske)
Serbo-Croatian (language): *serbokroatisk* (n., en)
serious: *alvorlig* (adj., alvorlig, alvorlige)
serve oneself (food): *forsyne seg* (v., forsynte, har forsynt)
service: *tjeneste* (n., en)
service industry: *servicenæring* (n., ei/en)
set: *dekke* (v., dekket, har dekket)
    set the table: *dekke bordet*
set: *sette* (v., satte, har satt)
    sit down: *sette seg*
seven: *sju*
seventeen: *sytten*
seventy: *sytti*
sew: *sy* (v., sydde, har sydd)
shall: *skal* (v., see "be going to")
    I shall work tonight. *Jeg skal arbeide i kveld.*
shape: *form* (n., en)
    be in bad shape: *være i dårlig form*
    be in good shape: *være i god form*
share: *dele* (v., delte, har delt)
    share a pizza: *dele en pizza*
    share a room with: *dele rom med*
shave: *barbere seg* (v., barberte, har barbert)
she: *hun* (pers. pron., subj.)
    She is Norwegian. *Hun er norsk.*
shine: *skinne* (v., skinte, har skint)
    The sun is shining. *Sola skinner.*
shipping: *sjøfart* (n., en)
shirt: *skjorte* (n., ei/en)
shoe: *sko* (n., en; pl. sko, skoene)
shoe store: *skobutikk* (n., en)
shop: *handle* (v., handlet, har handlet)
shop: *shoppe* (v., shoppet, har shoppet)
shop assistant: *ekspeditør* (n., en)
shop class (woodworking/metalwork): *sløyd* (n., en)
shopping center: *kjøpesenter* (n., et; pl. -sentre, sentrene)
short: *kort* (adj., kort, korte)
shorts (pair of): *kortbukse* (n., ei/en)
shorts (pair of): *shorts* (n., en)
shot: *skudd* (n., et; pl. skudd, skuddene)
should: *skulle* (v., see "be going to")
shoulder: *skulder* (n., ei/en; pl. skuldrer, skuldrene)
shovel: *måke* (v., måket, har måket / måkte, har måkt)
    shovel snow: *måke snø*
show: *vise* (v., viste, har vist)
shower: *dusj* (n., en)
    take a shower: *ta en dusj*
showing: *forestilling* (n., ei/en)
showing (of a home): *visning* (n., ei/en)
shrimp: *reke* (n., ei/en)
shrimp salad: *rekesalat* (n., en)
shy: *sjenert* (adj., sjenert, sjenerte)
siblings: *søsken* (n., pl. søsken, søsknene)
sick: *syk* (adj., sykt, syke)
side: *side* (n., ei/en)
sign: *skilt* (n., et; pl. skilt, skiltene)
sign: *undertegne* (v., undertegnet, har undertegnet)

simple: *enkel* (adj., enkelt, enkle)
sin: *synd* (n., ei/en)
    That's too bad! *Det var synd!*
since: *siden* (adv./prep./sub. conj.)
sing: *synge* (v., sang, har sunget)
    sing in a choir: *synge i kor*
singer: *sanger* (n., en; pl. sangere, sangerne)
singing voice: *sangstemme* (n., en)
single: *enslig* (adj., enslig, enslige)
single: *ugift* (adj., ugift, ugifte)
single family home: *enebolig* (n., en)
single parent: *aleneforelder* (n., en)
single room: *enkeltrom* (n., et; pl. -rom, -rommene)
sink: *vask* (n., en)
sinus infection: *bihulebetennelse* (n., en)
sister: *søster* (n., ei/en; pl. søstre, søstrene)
sister-in-law: *svigerinne* (n., ei/en)
sit: *sitte* (v., satt, har sittet)
six: *seks*
sixteen: *seksten*
sixty: *seksti*
size: *størrelse* (n., en)
skate: *skøyte* (n., ei/en)
    go skating: *gå på skøyter*
ski: *ski* (n., ei/en; pl. ski, skiene)
    go cross-country skiing: *gå på ski*
    go downhill skiing: *stå på ski*
ski equipment: *skiutstyr* (n., et)
ski jump: *skihopp* (n., et; pl. -hopp, -hoppene)
skirt: *skjørt* (n., et; pl. skjørt, skjørtene)
ski season: *skisesong* (n., en)
skit: *sketsj* (n., en)
ski trail: *skiløype* (n., ei/en)
slalom: *slalåm* (n., ei/en)
    downhill ski: *stå på slalåm*
sled: *ake* (v., akte, har akt)
sleep: *sove* (v., sov, har sovet)
sleep: *søvn* (n., en)
slice of bread: *brødskive* (n., ei/en)
slice (of bread or other things): *skive* (n., ei/en)
slide: *skli* (v., skled/sklidde, har sklidd)
slide: *sklie* (n., ei/en)
slim: *slank* (adj., slankt, slanke)
slipper: *tøffel* (n., en; pl. tøfler, tøflene)
    a pair of slippers: *et par tøfler*
slippery: *glatt* (adj., glatt, glatte)
slow: *langsom* (adj., langsomt, langsomme)
small: *liten* (adj., lita, lite, små / lille, små)
small child: *småbarn* (n., et; pl. -barn, -barna)
small town: *småby* (n., en)
smear: *smøre* (v., smurte, har smurt)
    make a packed lunch: *smøre matpakke*
smile: *smile* (v., smilte, har smilt)
smoke: *røyke* (v., røykte, har røykt)
smoking: *røyking* (n., ei/en)
    No smoking. *Røyking forbudt.*
sneeze: *nyse* (v., nøs, har nyst)

snobby: *snobbete* (adj., snobbete, snobbete)

snort: *fnyse* (v., fnyste, har fnyst)

snow: *snø* (n., en)

snow: *snø* (v., snødde, har snødd)

snowball: *snøball* (n., en)

    throw snowballs: *kaste snøball*

snowman: *snømann* (n., en; pl. -menn, -mennene)

    make a snowman: *lage snømann*

snowmobile: *snøscooter/snøskuter* (n., en; pl. -scootere, -scooterne)

    drive a snowmobile: *kjøre snøscooter*

so: *så* (adv./conj.)

soccer: *fotball* (n., en)

soccer field: *fotballbane* (n., en)

social: *sosial* (adj., sosialt, sosiale)

social studies: *samfunnsfag* (n., et; pl. -fag, -fagene)

social worker: *sosionom* (n., en)

society: *samfunn* (n., et; pl. samfunn, samfunnene)

sociology: *sosiologi* (n., en)

sociology department: *sosiologiavdeling* (n., ei/en)

sock: *sokk* (n., en)

soda: *brus* (n., en; pl. brus, brusene)

sofa: *sofa* (n., en)

sofa grouping: *sofagruppe* (n., ei/en)

softball: *softball* (n., en)

Somalia: *Somalia*

Somalian: *somalisk* (adj., somalisk, somaliske)

Somalian (language): *somali* (n., en)

some: *noe, noen*

someone: *noen*

    Is there someone who speaks Norwegian here?

    Er det noen som snakker norsk her?

something: *noe*

    Jeg vil ha noe å spise nå. *I want something to eat now.*

son: *sønn* (n., en)

song: *sang* (n., en)

song: *vise* (n., ei/en)

soon: *snart* (adv.)

sound...: *høres...ut* (v., hørtes, har høres)

    That sounds good. *Det høres bra ut.*

soup: *suppe* (n., ei/en)

sour cream porridge: *rømmegrøt* (n., en)

south: *sør*

South Africa: *Sør-Afrika*

South America: *Sør-Amerika*

Southern Norway: *Sørlandet*

souvenir: *suvenir* (n., en)

spell: *stave* (v., stavet, har stavet)

spinach: *spinat* (n., en)

split: *dele* (v., delte, har delt)

space: *plass* (n., en)

    plenty of space: *god plass*

    lack of space: *dårlig plass*

spaghetti: *spagetti* (n., en)

Spain: *Spania*

Spanish: *spansk* (adj., spansk, spanske)

Spanish (language): *spansk* (n., en)

speak: *snakke* (v., snakket, har snakket)

specialized store: *spesialforretning* (n., ei/en)

speedo swimsuit: *speedo* (n., en)

spend (time): *tilbringe* (v., tilbrakte, har tilbrakt)

sport: *idrett* (n., en)

    participate in sports: *drive med idrett*

sport: *sport* (n., en)

sporting goods store: *sportsforretning* (n., ei/en)

spouse: *ektefelle* (n., en)

sprain: *forstue* (v., forstuet, har forstuet)

    sprain one's ankle: *forstue ankelen*

sprain: *vrikke* (v., vrikket, har vrikket)

spread: *smøre* (v., smurte, har smurt)

    make a packed lunch: *smøre matpakke*

spring: *vår* (n., en)

    during the spring: *om våren*

    this spring: *i vår*

spry: *sprek* (adj., sprekt, spreke)

stamp collection: *frimerkesamling* (n., ei/en)

stand: *stå* (v., sto/stod, har stått)

    get up (in the morning): *stå opp*

standard of living: *levestandard* (n., en)

state: *stat* (n., en)

statistics: *statistikk* (n., en)

status: *status* (n., en)

stave church: *stavkirke* (n., ei/en)

stay: *bli* (v., ble, har blitt)

    stay home: *bli hjemme*

    stay on campus: *bli på campus*

stay overnight: *overnatte* (v., overnattet, har overnattet)

steak: *biff* (n., en)

steal: *stjele* (v., stjal, har stjålet)

step: *trinn* (n., et; pl. trinn, trinnene)

step-brother: *stebror* (n., en; pl. -brødre, -brødrene)

step-father: *stefar* (n., en; pl. -fedre, -fedrene)

step-mother: *stemor* (n., ei/en; pl. -mødre, -mødrene)

step-sister: *stesøster* (n., ei/en; pl. søstre, søstrene)

stereo system: *stereoanlegg* (n., et; pl. -anlegg, -anleggene)

stew: *lapskaus* (n., en)

still: *ennå, fremdeles*

stir fry: *wok* (n., en)

stocking cap: *lue* (n., ei/en)

stocky: *kraftig* (adj., kraftig, kraftige)

stomach: *mage* (n., en)

stomach flu: *omgangssyke* (n., en)

stone: *stein* (n., en)

store: *butikk* (n., en)

    go shopping: *gå i butikker*

    go to the store: *gå i butikken*

store: *forretning* (n., ei/en)

store manager: *butikksjef* (n., en)

storm: *storme* (v., stormet, har stormet)

story: *historie* (n., ei/en)

story (in a building): *etasje* (n., en)

    on the first floor: *i første etasje*

straight: *rett* (adj., rett, rette)

    straight ahead: *rett fram*

    straight hair: *rett hår*

straight-forward: *grei* (adj., greit, greie)
strange: *rar* (adj., rart, rare)
strawberry: *jordbær* (n., et; pl. -bær, -bærene)
street: *gate* (n., ei/en)
street: *vei* (n., en)
streetcar: *trikk* (n., en)
strength training: *styrketrening* (n., ei/en)
stress: *stress* (n., et)
stress: *stresse* (v., stresset, har stresset)
stress (in a word): *trykk* (n., et; pl. trykk, trykkene)
stressful: *stressende* (adj., stressende, stressende)
strike: *slå* (v., slo, har slått)
stubborn: *sta* (adj., sta, stae)
student: *student* (n., en)
student (elem. or sec. school): *elev* (n., en)
student center: *studentsenter* (n., et; pl. -sentre, -sentrene)
student desk: *pult* (n., en)
student housing complex: *studentby* (n., en)
study: *studere* (v., studerte, har studert)
    study at a university: *studere ved et universitet*
study visit: *studieopphold* (n., et; pl. -opphold, -oppholdene)
stuffy: *tett* (adj., tett, tette)
    have a stuffy nose: *være tett i nesa*
style (of clothes): *fasong* (n., en)
subsidizing: *subsidiering* (n., ei/en)
suburb: *forstad* (n., en; pl. forsteder, forstedene)
subway: *T-bane, bane* (n., en)
sugar: *sukker* (n., et)
suggest: *foreslå* (v., foreslo, har foreslått)
suggestion: *forslag* (n., et; pl. -slag, -slagene)
suit (for men): *dress* (n., en)
summer: *sommer* (n., en; pl. somrer, somrene)
    during the summer: *om sommeren*
    next summer: *til sommeren*
    this summer: *i sommer*
summer vacation: *sommerferie* (n., en)
sun: *sol* (n., ei/en)
sunbathe: *sole seg* (v., solte, har solt)
Sunday: *søndag*
sure: *sikker* (adj., sikkert, sikre)
surf: *surfe* (v., surfet, har surfet)
    surf the internet: *surfe på Internett*
surname: *etternavn* (n., et; pl. -navn, -navnene)
surprising: *overraskende* (adj., overraskende, overraskende)
surround: *omgi* (v., omga/omgav, har omgitt)
    surrounded by: *omgitt av*
sweater: *genser* (n., en; pl. gensere, genserne)
sweatshirt: *collegegenser* (n., en; pl. -gensere, -genserne)
sweat suit: *treningsdrakt* (n., ei/en)
Sweden: *Sverige*
Swedish: *svensk* (adj., svensk, svenske)
Swedish (language): *svensk* (n., en)
sweet: *søt* (adj., søtt, søte)
swim: *bade* (v., badet, har badet)
swim: *svømme* (v., svømte, har svømt)
swimming: *svømming* (n., ei/en)
swimming hall: *svømmehall* (n., en)

swimming trunks: *badeshorts* (n., en); *badebukse* (n., ei/en)
Switzerland: *Sveits*
syllable: *stavelse* (n., en)
symbol: *symbol* (n., et)
symptom: *symptom* (n., et)
Syrian: *syrisk* (adj., syrisk, syriske)
Syrian (language): *syrisk* (n., en)

T

table: *bord* (n., et; pl. bord, bordene)
    clear the table: *rydde av bordet*
    set the table: *dekke bordet*
taco: *taco* (n., en)
take: *ta* (v., tok, har tatt)
    have a cigarette: *ta en røyk*
    have a smoke: *ta en røyk*
    take a bath: *ta et bad*
    take a break: *ta en pause*
    take a coffee break: *ta en kaffepause*
    take a nap: *ta en lur*
    take a shower: *ta en dusj*
    take it easy: *ta det med ro*
    take the bus: *ta bussen*
take care of: *passe* (v., passet, har passet)
    take care of children: *passe barn*
take care of: *stelle* (v., stelte, har stelt)
    care for children: *stelle barn*
    care for the garden, yard: *stelle i hagen*
take pictures: *fotografere* (v., fotograferte, har fotografert)
talk: *prat* (n., en)
talk: *snakke* (v., snakket, har snakket)
    talk on the telephone: *snakke i telefonen*
    We'll talk to one another. *Vi snakkes.*
talkative: *pratsom* (adj., pratsomt, pratsomme)
tall: *høy* (adj., høyt, høye)
tall: *lang* (adj., langt, lange)
Tanzania: *Tanzania*
task: *arbeidsoppgave* (n., en)
taste: *smake* (v., smakte, har smakt)
    This tastes good. *Dette smaker godt.*
tavern: *kro* (n., ei/en)
tax: *skatt* (n., en)
taxi: *drosje* (n., ei/en)
taxi driver: *drosjesjåfør* (n., en)
tea: *te* (n., en)
teach: *lære* (v., lærte, har lært)
    I am teaching him to play piano. *Jeg lærer ham å spille piano.*
teach: *undervise* (v., underviste, har undervist)
    I teach Norwegian. *Jeg underviser i norsk.*
teacher: *lærer* (n., en; pl. lærere, lærerne)
teaching: *undervisning* (n., ei/en)
teaching assistant: *hjelpelærer* (n., en; pl. -lærere, -lærerne)

teenager: *tenåring* (n., en)

telephone: *telefon* (n., en)

talk on the telephone: *snakke i telefonen*

telephone number: *telefonnummer* (n., et; pl. -numre, -numrene)

television: *fjernsyn* (n., et; pl. fjernsyn, fjernsynene)

tell: *fortelle* (v., fortalte, har fortalt)

temperament: *humør* (n., et)

temperature: *temperatur* (n., en)

tempo: *tempo* (n., et)

ten: *ti*

ten-crown coin: *tier* (n., en; pl. tiere, tierne)

tennis: *tennis* (n., en)

tennis court: *tennisbane* (n., en)

tennis racquet: *tennisracket* (n., en)

tennis shoe: *tennissko* (n., en; pl. -sko, -skoene)

tent: *telt* (n., et; pl. telt, teltene)

sleep in a tent: *ligge i telt*

terrace: *terrasse* (n., en)

terrain: *terreng* (n., et)

terrible: *elendig* (adj., elendig, elendige)

terrible: *forferdelig* (adj., forferdelig, forferdelige)

terrific: *flott* (adj., flott, flotte)

terrific: *utmerket* (adj., utmerket, utmerkede/utmerkete)

textbook: *tekstbok* (n., ei/en)

than: *enn*

My brother is older than I (am).
Broren min er eldre enn meg.

thank you: *takk*

A thousand thanks. *Tusen takk.*

Many thanks. *Mange takk.*

Thanks for having me. *Takk for meg.*

Thanks for the chat. *Takk for praten.*

Thanks for the food. *Takk for maten.*

Thanks for the help. *Takk for hjelpen.*

Thanks for the last time. *Takk for sist.*

Thanks for today. *Takk for i dag.*

You shall have thanks. *Takk skal du ha.*

that: *at* (sub. conj.)

that: *den/det* (dem. pron.)

that car: *den bilen*

that shirt: *den skjorta*

that house: *det huset*

the: *de/den/det* (def. art.)

the new car: *den nye bilen*

the new shirt: *den nye skjorta*

the new house: *det nye huset*

the new books: *de nye bøkene*

theater: *teater* (n., et; pl. teatre, teatrene)

go to the theater: *gå på teater*

their: *deres* (poss. pron.)

Their dog is named Rapp.
Hunden deres heter Rapp.

their: *sin* (refl. poss. pron., si, sitt, sine)

Pål og Anne hjelper barna sine.
Pål and Anne help their children.

them: *dem* (pers. pron., obj.)

I jog with them. *Jeg jogger med dem.*

themselves: *seg* (pers. pron., refl.)

They like it here. *De liker seg her.*

then: *da* (adv.)

I was in Norway in 1995.
Then I learned Norwegian.
Jeg var i Norge i 1995. Da lærte jeg norsk.

then: *så* (adv.)

I got up at 6. Then I took a shower.
Jeg stod opp kl. 6. Så tok jeg en dusj.

there: *der; det*

I live there. *Jeg bor der.*

There is.../There are...: *Det er...*

therefore: *derfor* (adv.)

they: *de* (pers. pron., subj.)

They are teachers. *De er lærere.*

thick: *tykk/tjukk* (adj., tykt/tykke, tjukt/tjukke)

thigh: *lår* (n., et; pl. lår, lårene)

thing: *ting* (n., en; pl. ting, tingene)

thin: *tynn* (adj., tynt, tynne)

think (opinion): *mene* (v., mente, har ment)

I think (that) the new film is funny.
Jeg mener (at) den nye filmen er morsom.

think (opinion): *synes* (v., syntes, har synes)

I think (that) the teacher is good.
Jeg synes (at) læreren er god.

think (thought process): *tenke* (v., tenkte, har tenkt)

I'm thinking about my family.
Jeg tenker på familien min.

think (believe): *tro* (v., trodde, har trodd)

I think she is named Anne, but I'm not sure.
Jeg tror hun heter Anne, men jeg er ikke sikker.

I believe in God. *Jeg tror på Gud.*

third: *tredje*

thirsty: *tørst* (adj., tørst, tørste)

thirteen: *tretten*

thirty: *tretti*

this: *denne/dette* (dem. pron.)

this car: *denne bilen*

this bok: *denne boka*

this tie: *dette slipset*

those: *de* (dem. pron.)

Do you like those shoes? *Liker du de skoene?*

thought: *tanke* (n., en)

thoughtful: *omtenksom* (adj., omtenksomt, omtenksomme)

thousand-crown bill: *tusenlapp* (n., en)

three: *tre*

thrive: *trives* (v., trivdes, har trives)

I am getting along well. *Jeg trives godt.*

throat: *hals* (n., en)

through: *gjennom* (prep.)

throw: *kaste* (v., kastet, har kastet)

throw snowballs: *kaste snøball*

throw up: *kaste opp*

thunder: *torden* (n., en)

thunder: *tordne* (v., tordnet, har tordnet)

Thursday: *torsdag*

ticket: *billett* (n., en)

ticket ordering: *billettbestilling* (n., ei/en)

ticket stamping machine: *stemplingsautomat* (n., en)

tidy: *ryddig* (adj., ryddig, ryddige)

tie: *slips* (n., et; pl. slips, slipsene)

tied (in a game or match): *uavgjort* (adj., uavgjort, uavgjorte)

tighten up: *skjerpe* (v., skjerpet, har skjerpet)

    get with it: *skjerpe seg*

tights: *strømpebukse* (n., ei/en)

timber: *tømmer* (n., et)

time (occasion): *gang* (n., en)

    one more time: *en gang til*

    sometimes: *noen ganger*

    twice a week: *to ganger i uka*

time: *tid* (n., ei/en)

    all the time: *hele tida*

    have a good time: ha det hyggelig

    have plenty of time: *ha god tid*

    not have enough time: *ha dårlig tid*

time expression: *tidsuttrykk* (n., et; pl. -uttrykk, -uttrykkene)

timetable (schedule): *timeplan* (n., en)

tired: *lei* (adj., leit, leie)

    be tired of: *være lei av*

tired out: *sliten* (adj., slitent, slitne)

to: *til; på* (prep.)

to: *å*

    I like to run. *Jeg liker å løpe.*

toast: *ristet brød* (n., et)

toast: *skål* (n., en)

    Cheers! *Skål!*

today: *i dag* (adv.)

toe: *tå* (n., ei/en; pl. tær, tærne)

together: *sammen*

toilet: *do* (n., en/et; pl. do/doer, doene)

    go to the bathroom: *gå på do*

toilet: *toalett* (n., et)

tomato: *tomat* (n., en)

tomato soup: *tomatsuppe* (n., ei/en)

tomorrow: *i morgen* (adv.)

tones in Norwegian words: *tonem* (n., et)

    tone 1: *tonem 1*

    tone 2: *tonem 2*

tonight: *i kveld* (adv.)

too: *for* (adv.)

    too big: *for stor*

    too small: *for liten*

tooth: *tann* (n., ei/en; pl. tenner, tennene)

toothbrush: *tannbørste* (n., en)

toothpaste: *tannkrem* (n., en)

top (thin blouse or shirt for women): *topp* (n., en)

tough: *tøff* (adj., tøft, tøffe)

tourism: *reiseliv* (n., et)

tourism: *turisme* (n., en)

tourist: *turist* (n., en)

tourist attraction: *severdighet* (n., en)

tourist attraction: *turistattraksjon* (n., en)

toward: *mot* (adv.)

towel: *håndkle* (n., et; pl. -klær, -klærne)

town: *tettsted* (n., et)

townhouse: *rekkehus* (n., et; pl. -hus, -husene)

township: *bygd* (n., ei/en)

track and field: *friidrett* (n., en)

    participate in track: *drive med friidrett*

trade: *handel* (n., en)

tradition: *tradisjon* (n., en)

traffic: *trafikk* (n., en)

trail: *sti* (n., en)

train: *tog* (n., et; pl. tog, togene)

    travel by train: *reise med tog*

train car: *vogn* (n., ei/en)

train track: *spor* (n., et; pl. spor, sporene)

transportation: *transport* (n., en)

transportation pass (for eight trips in Oslo): *flexikort* (n., et; pl. -kort, -kortene)

transportation type: *reisemåte* (n., en)

travel: *reise* (v., reiste, har reist)

    stand up: *reise seg*

    travel by airplane: *reise med fly*

    travel home: *reise hjem*

travel agency: *reisebyrå* (n., et)

travel destination: *reisemål* (n., et; pl. -mål, -målene)

treasure: *skatt* (n., en)

tree: *tre* (n., et; pl. trær, trærne)

trip: *tur* (n., en)

trouble: *bråk* (n., et)

    make trouble: *lage bråk*

trout: *ørret* (n., en)

true: *sann* (adj., sant, sanne)

    That's true. *Det er sant.*

    You are an American, aren't you? *Du er amerikaner, ikke sant?*

trumpet: *trompet* (n., en)

try: *prøve* (v., prøvde, har prøvd)

T-shirt: *T-skjorte* (n., ei/en)

Tuesday: *tirsdag*

Tunisia: *Tunisia*

turf: *torv* (n., ei/en)

    The cabin has a turf/grass roof. *Hytta har torvtak.*

turkey: *kalkun* (n., en)

turkey breast: *kalkunfilet* (n., en)

Turkish: *tyrkisk* (adj., tyrkisk, tyrkiske)

Turkish (language): *tyrkisk* (n., en)

turn: *snu* (v., snudde, har snudd)

    turn around: *snu seg*

turn of the century: *århundreskifte* (n., et)

    around the turn of the century: *ved århundreskiftet*

tuxedo: *smoking* (n., en)

TV: *TV* (n., en)

TV room: *TV-stue* (n., ei/en)

twelve: *tolv*

twenty: *tjue*

twenty-crown coin: *tjuekroning* (n., ei/en)

two: *to*

two-hundred-crown bill: *tohundrelapp* (n., en)

U

ugh: *æsj*
ugly: *stygg* (adj., stygt, stygge)
unbelievable: *utrolig* (adj., utrolig, utrolige)
uncle: *onkel* (n., en; pl. onkler, onklene)
uncomfortable: *ubehagelig* (adj., ubehagelig, ubehagelige)
undecided: *ubestemt* (adj., ubestemt, ubestemte)
underclothes: *undertøy* (n., et)
underpants: *underbukse* (n., ei/en)
understand: *forstå* (v., forsto/forstod, har forstått)
    understand Norwegian: *forstå norsk*
understanding: *forståelse* (n., en)
underwear: *underbukse* (n., ei/en)
unfortunately: *dessverre* (adv.)
unfriendly: *uvennlig* (adj., uvennlig, uvennlige)
unhealthy: *usunn* (adj., usunt, usunne)
university: *universitet* (n., et)
    study at a university: *studere ved et universitet*
unmarried: *ugift* (adj., ugift, ugift)
unpleasant: *ubehagelig* (adj., ubehagelig, ubehagelige)
unreliable: *upålitelig* (adj., upålitelig, upålitelige)
unusual: *uvanlig* (adj., uvanlig, uvanlige)
up: *oppe* (adv.)
upper secondary school: *videregående skole* (n., en)
upstairs: *oppe* (adv.)
Urdu (language): *urdu* (n., en)
us: *oss* (pers. pron., obj.)
    They give us money. *De gir oss penger.*
USA: *USA*
use: *bruke* (v., brukte, har brukt)
    spend money: *bruke penger*
    wear glasses: *bruke briller*
usual: *vant* (adj., vant, vante)
    get used to: *bli vant til*
usually: *vanligvis* (adv.)

V

vacation: *ferie* (n., en)
vacation (summer vacation period in July): *fellesferie* (n., en)
vacation area: *ferieområde* (n., et)
vacuum: *støvsuge* (v., -suget, har -suget / -sugde, har -sugd)
valid: *gyldig* (adj., gyldig, gyldige)
valley: *dal* (n., en)
variation: *variasjon* (n., en)
varied: *variert* (adj., variert, varierte)
vary: *variere* (v., varierte, har variert)
vase: *vase* (n., en)
VCR: *videospiller* (n., en; pl. -spillere, -spillerne)

vegetable: *grønnsak* (n., ei/en)
verb: *verb* (n., et)
very: *veldig*
veterinarian: *veterinær* (n., en)
veterinary technician: *dyrepleier* (n., en; pl. -pleier, -pleierne)
vicinity: *nærhet* (n., en)
video: *videofilm* (n., en)
video camera: *videokamera* (n., et)
video game: *TV-spill* (n., et; pl. -spill, -spillene)
    play video games: *spille TV-spill*
Vietnam: *Vietnam*
Vietnamese: *vietnamesisk* (adj., vietnamesisk, vietnamesiske)
Vietnamese (language): *vietnamesisk* (n., en)
view: *utsikt* (n., en)
vigorous: *sprek* (adj., sprekt, spreke)
viking: *viking* (n., en)
viking journey: *vikingferd* (n., en)
viking ship: *vikingskip* (n., et; pl. -skip, -skipene)
visit: *besøk* (n., et; pl. besøk, besøkene)
visit: *besøke* (v., besøkte, har besøkt)
volleyball: *volleyball* (n., en)
vowel: *vokal* (n., en)

W

waffle: *vaffel* (n., en; pl. vafler, vaflene)
wagon: *vogn* (n., ei/en)
waiter: *kelner* (n., en; pl. kelnere, kelnerne)
waiter: *servitør* (n., en)
wait on (in a store): *ekspedere* (v., ekspederte, har ekspedert)
wake up (someone): *vekke* (v., vekket, har vekket)
    Can you wake me up tomorrow?
    Kan du vekke meg i morgen?
walk: *tur* (n., en)
    go for a walk: *gå (en) tur*
wall: *vegg* (n., en)
    on the wall: *på veggen*
wall unit: *veggseksjon* (n., en)
want to: *ville* (v., vil, ville, har villet)
    I want to help you. *Jeg vil hjelpe deg.*
    I wanted to call you. *Jeg ville ringe deg.*
war: *krig* (n., en)
wardrobe: *klesskap* (n., et; pl. -skap, -skapene)
warm: *varm* (adj., varmt, varme)
was: *var* (v., see "be")
Wasa bread: *knekkebrød* (n., et; pl. -brød, -brødene)
wash: *vaske* (v., vasket, har vasket)
    wash clothes: *vaske klær*
    wash dishes: *vaske opp*
    wash oneself: *vaske seg*
    wash one's hair: *vaske håret*
    wash the car: *vaske bilen*

waste: *sløse* (v., sløste, har sløst)
    waste money: *sløse med penger*
    waste time: *sløse med tid*
watch: *klokke* (n., ei/en)
    What time is it? *Hva / Hvor mye er klokka?*
water: *vann* (n., et; pl. vann, vannene)
waterfall: *foss* (n., en)
water ski: *vannski* (n., ei/en; pl. -ski, -skiene)
    water ski: *stå på vannski*
wave: *vinke* (v., vinket, har vinket)
way: *måte* (n., en)
    in a way: *på en måte*
way: *vei* (n., en)
    a long way: *lang vei*
    a short way: *kort vei*
    be in the way: *være i veien*
    Can you tell me the way to...?
    Kan du si meg veien til...?
weather: *vær* (n., et)
weaving: *veving* (n., ei/en)
web designer: *web designer* (n., en; pl. -designere, -designerne)
wedding: *bryllup* (n., et)
    go to a wedding: *gå i bryllup*
wedding ceremony: *vielse* (n., en)
Wednesday: *onsdag*
week: *uke* (n., ei/en)
    all week: *hele uka*
    for a week: *i ei uke*
    in a week: *om ei uke*
weekday: *hverdag* (n., en)
weekend: *helg* (n., ei/en)
    Have a nice weekend! *God helg!*
    this/last weekend: *i helga*
weigh: *veie* (v., veide, har veid)
weight: *vekt* (n., ei/en)
weight lifting: *vektløfting* (n., ei/en)
welcome: *velkommen*
well: *bra* (adv.)
well-known: *kjent* (adj., kjent, kjente)
were: *var* (v., see "be")
west: *vest*
western region of Norway: *Vestlandet*
whale meat: *hvalbiff* (n., en)
what: *hva*
what kind: *hva slags*
wheat: *hvete* (n., en)
when: *når* (sub. conj.)
    When(ever) it rains, I stay inside.
    Når det regner, blir jeg inne.
when (used about one occurrence in the past): *da* (sub. conj.)
    When I was a student, I studied biology.
    Da jeg var student, studerte jeg biologi.
where: *hvor*
whether: *om* (sub. conj.)
    I don't know whether I can sleep.
    Jeg vet ikke om jeg kan sove.
which: *hvilken* (adj. hvilket, hvilke)

which car: *hvilken bil*
which bok: *hvilken bok*
which house: *hvilket hus*
which pens: *hvilke penner*
which, that: *som* (rel. pron.)
    The house, which is 100 years old, belongs to my grandfather.
    Huset, som er 100 år gammelt, hører til bestefaren min.
white: *hvit* (adj. hvitt, hvite)
white bread: *loff* (n., en)
white tie and tails: *kjole og hvitt*
whitewater canoeing/kayaking: *elvepadling* (n., ei/en)
whitewater rafting: *rafting* (n., ei/en)
who: *hvem*
    Who is your teacher? *Hvem er læreren din?*
who: *som* (rel. pron.)
    I have a sister who is 25 years old.
    Jeg har ei søster som er 25 år gammel.
whole: *hel* (adj., helt, hele)
whole grain bread: *grovbrød* (n., et; pl. -brød, -brødene)
whole wheat bread: *kneippbrød* (n., et; pl. -brød, -brødene)
whom: *som* (rel. pron.)
    I have a teacher whom you know.
    Jeg har en lærer som du kjenner.
why: *hvorfor*
wife: *kone* (n., ei/en)
wilderness area north of Oslo: *Nordmarka*
will: *vil* (v., see "be going to")
    It will rain today. *Det vil regne i dag.*
will: *skal* (v., see "be going to")
    I will work today. *Jeg skal arbeide i dag.*
will be: *bli* (v., ble, har blitt)
    That will be 10 crowns. *Det blir 10 kroner.*
win: *vinne* (v., vant, har vunnet)
wind: *vind* (n., en)
windbreaker: *vindjakke* (n., ei/en)
window: *vindu* (n., et)
windsurf: *brettseile* (v., brettseilte, har brettseilt)
windsurfing board: *seilbrett* (n., et; pl. -brett, -brettene)
wine: *vin* (n., en)
winter: *vinter* (n., en; pl. vintrer, vintrene)
    during the winter: *om vinteren*
    this winter: *i vinter*
wish: *ønske* (v., ønsket, har ønsket)
    wish for / want: *ønske seg*
with: *med* (adv./prep.)
without: *uten* (prep.)
wok: *wok* (n., en)
woman: *kvinne* (n., ei/en)
woman's overcoat: *kåpe* (n., ei/en)
wood: *ved* (n., en)
wood carving: *treskjæring* (n., et)
wood floor: *tregolv* (n., et; pl. -golv, -golvene)
wood paneling: *panel* (n., et)
woodworking: *snekring* (n., ei/en)
wool: *ull* (n., ei/en)
word: *ord* (n., et; pl. ord, ordene)
work: *arbeid* (n., et)

work: *arbeide* (v., arbeidet, har arbeidet)
work: *jobbe* (v., jobbet, har jobbet)
workbook: *arbeidsbok* (n., ei/en; pl. -bøker, -bøkene)
work conditions: *arbeidsforhold* (n., et; pl. -forhold, -forholdene)
work day: *hverdag* (n., en)
work hours: *arbeidstid* (n., ei/en)
working inside the home: *hjemmeværende* (adj.)
work life: *arbeidsliv* (n., et)
work out: *trene* (v., trente, har trent)
workplace: *arbeidsplass* (n., en)
world: *verden* (n., en)
    the whole world: *hele verden*
would: ville (see "be going to")
    Would you help me? *Ville du hjelpe meg?*
wrestling: *bryting* (n., ei/en)
write: *skrive* (v., skrev, har skrevet)
    write an e-mail: *skrive e-post*
    write an essay: *skrive stil/oppgave*
    write a report: *skrive rapport*
    write a letter: *skrive brev*
writer: *dikter* (n., en; pl. diktere, dikterne)
writer: *forfatter* (n., en; pl. forfattere, forfatterne)
writing: *skriving* (n., ei/en)
wrought iron: *smijern* (n., et)

younger: *yngre* (adj., comparative of "ung")
youngest: *yngst* (adj., superlative of "ung")
young one, child: *unge* (n., en)
your (sing.): *din* (poss. pron., di, ditt, dine)
    Your car is nice. *Bilen din er fin.*
your (pl.): *deres* (poss. pron.)
    Your house is cozy. *Huset deres er koselig.*
yourself: *deg* (pers. pron., refl.)
    You have to hurry (yourself). *Du må skynde deg.*
youth hostel: *vandrerhjem* (n., et; pl. -hjem, -hjemmene)
Yugoslavia: *Jugoslavia*

Z

zoo: *dyrepark* (n., en)

X

Y

yard: *hage* (n., en)
    work in the yard: *stelle i hagen*
year: *år* (n., et; pl. år, årene)
    this year: *i år*
    last year: *i fjor*
yellow: *gul* (adj., gult, gule)
yellow cheese: *gulost* (n., en)
yes: *ja*
yes (in reply to negative question): *jo*
yesterday: *i går* (adv.)
yet: *ennå* (adv.)
yoga: *yoga* (n., en)
you (sing.): *du* (pers. pron., sub.)
    You are from Norway. *Du er fra Norge.*
you (sing.): *deg* (pers. pron., obj.)
    I will write to you. *Jeg skal skrive til deg.*
you all/you (pl.): *dere* (pers. pron., sub./obj.)
    You are authors. *Dere er forfattere.*
young: *ung* (adj., ungt, unge)